L'automobile actuelle en vingt leçons

ALBIN MICHEL. Editeur.
22 rue Huyghens. Paris.

OUVRAGES DU MÊME AUTEUR SUR L'AUTOMOBILE :

Manuel pratique du Constructeur et du Conducducteur de cycles et d'automobiles. 1 vol. avec 204 fig. dessinées par l'auteur (1896). Bibliothèque des Professions. (Epuisé.)

Les Tramways, Chemins de fer sur route et Automobiles. Nouvelle édition de Sérafon, en collaboration avec J. B. Dumas (1898).

L'Electricité dans l'automobile. 1 vol. illustré (1899) Desforges éditeur. (Epuisé.)

Le Tri-car. broch. 142 pages, avec 26 fig. dans le texte. Desforges éditeur.

Manuel pratique du cycliste. 1 vol. 192 p. Collection Guyot.

Manuel pratique du motocycliste. 1 vol. avec 94 fig. (1900) Hetzel éditeur. (Epuisé.)

Manuel pratique du wattman et du chauffeur. 1 vol. avec 110 fig. (1902) Hetzel, éditeur.

Manuel pratique du conducteur d'automobiles. 1 vol. 192 p. (1905) Collection Guyot.

Le Catéchisme de l'automobile (3e édition) (1923). Gauthier-Villars et Cie, éditeurs..

SOUS PRESSE :

Cours pratique de cinématographie. 1 vol. in-8°. Editions de l'Ecole du Génie Civil.

Cours pratique d'Electricité. 1 vol. in-8° de 800 p. avec fig. Ecole du Génie Civil.

Les Trucs de l'Electricien. 1 vol. Albin Michel, éditeur.

L'AUTOMOBILE ACTUELLE

OUVRAGES DU MÊME AUTEUR SUR L'AUTOMOBILE :

Manuel pratique du Constructeur et du Conducducteur de cycles et d'automobiles. 1 vol. avec 204 fig. dessinées par l'auteur (1896). Bibliothèque des Professions. (Épuisé.)

Les Tramways, Chemins de fer sur route et Automobiles. Nouvelle édition de Sérafon, en collaboration avec J. B. Dumas (1898).

L'Electricité dans l'automobile. 1 vol. illustré (1899) Desforges éditeur. (Epuisé.)

Le Tri-car. broch. 142 pages, avec 26 fig. dans le texte. Desforges éditeur.

Manuel pratique du cycliste. 1 vol. 192 p. Collection Guyot.

Manuel pratique du motocycliste. 1 vol. avec 94 fig. (1900) Hetzel éditeur. (Epuisé.)

Manuel pratique du wattman et du chauffeur. 1 vol. avec 110 fig. (1902) Hetzel, éditeur.

Manuel pratique du conducteur d'automobiles. 1 vol. 192 p. (1905) Collection Guyot.

Le Catéchisme de l'automobile (3e édition) (1923). Gauthier-Villars et Cie, éditeurs..

SOUS PRESSE :

Cours pratique de cinématographie. 1 vol. in-8°. Editions de l'Ecole du Génie Civil.

Cours pratique d'Electricité. 1 vol. in-8° de 800 p. avec fig. Ecole du Génie Civil.

Les Trucs de l'Electricien. 1 vol. Albin Michel, éditeur.

H. DE GRAFFIGNY
Ingénieur civil, Rédacteur à l' « Aéro-Sports »

L'Automobile
ACTUELLE

Son Agencement. — Sa Construction
Sa Manœuvre. — Son Entretien

Expliquée en Vingt Leçons

Avec de nombreuses figures explicatives dessinées par l'Auteur.

PARIS
ALBIN MICHEL, ÉDITEUR
22, Rue Huyghens, 22

SOMMAIRE

			Pages
1re Leçon	:	Histoire de l'Automobilisme	5
2e	—	Fonctionnement du moteur d'automobile	13
3e	—	Théorie du moteur à explosions	21
4e	—	Anatomie du moteur	29
5e	—	Refroidissement des moteurs	41
6e	—	L'Allumage des gaz dans les moteurs	49
7e	—	Les Carburateurs	59
8e	—	Les Transmissions	69
9e	—	Les roues, les bandages, les essieux	79
10e	—	Les freins, la direction, l'éclairage	91
11e	—	Les Motocyclettes	101
12e	—	Les Scooters	109
13e	—	Les Cyclecars	115
14e	—	Classification des automobiles. — Les carrosseries	123
15e	—	Véhicules industriels de poids lourd	130
16e	—	Conduite des voitures automobiles	143
17e	—	Sur la route	153
18e	—	Les Pannes : Causes et remèdes	161
19e	—	Les Réparations	171
20e	—	Entretien et usage des automobiles	185

L'AUTOMOBILE ACTUELLE

PREMIÈRE LEÇON

Histoire de l'Automobilisme

LES PREMIERS VÉHICULES AUTOMOBILES

L'automobilisme est une conquête de la science moderne, car il est une conséquence directe des développements pris par la mécanique appliquée et la construction des moteurs.

On peut revendiquer pour la France l'honneur de l'invention du premier véhicule qui ait pu se déplacer par ses propres moyens — c'est d'ailleurs là la définition de l'automobile, — sur une route ordinaire. Ce véhicule est le tracteur ou fardier à vapeur imaginé par Joseph Cugnot, qui l'essaya en 1770 à l'Arsenal de Paris. Cette machine, conservée dans les galeries du Conservatoire des Arts-et-Métiers, était d'une construction des plus rustiques; sa chaudière était mal proportionnée et fort insuffisante, cependant elle fonctionna, démontrant ainsi que la locomotion mécanique était possible.

En 1786, seize ans plus tard, le mécanicien Olivier Evans adressa au Congrès de l'Etat de Pensylvanie une demande de privilège pour l'exploitation d'une voiture pourvue d'une chaudière à vapeur à haute pression, mais ce ne fut qu'en 1800 que l'inventeur put démontrer le bien-fondé de ses théories en circulant sur les routes du pays avec un chariot à vapeur. Il ne put cependant faire adopter son système dans son pays, et ses imitateurs européens, Trevitick et Vivian, puis Hancock et Gurney, ne furent pas plus heureux, de 1802 à 1815 en Angleterre, car ils ne parvinrent pas à surmonter les difficultés du problème, qui allait être résolu d'une autre manière : par le perfectionnement de la route, à laquelle on ajouta d'abord des ornières en bois, puis des bandes de fer creuses où s'engageait le bandage des roues, diminuant ainsi le frottement, et par suite le travail de traction, dans de très fortes proportions. Les tramways étaient inventés; les chemins de fer, avec la locomotion à vapeur allaient leur succéder et pendant près d'un demi-siècle la locomotion sur routes ordinaires fut à peu près abandonnée. On essaya bien, à diverses reprises, des diligences à vapeur et des locomotives routières, mais ce ne furent que des tentatives isolées et sans lendemain. On peut penser — cette opinion est défendable — que si ces premiers véhicules automobiles avaient réussi vers 1820, on n'aurait pas édifié à grands frais les réseaux de

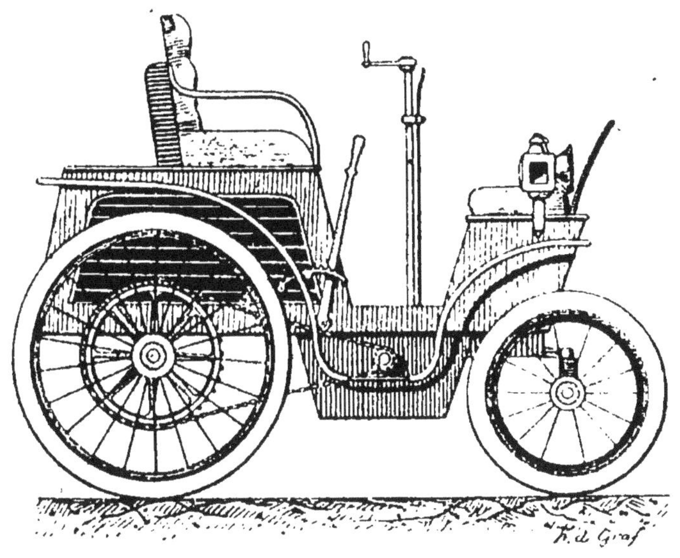

FIG. 1. — La première automobile à pétrole (Peugeot 1891)

chemins de fer qui sillonnent les deux continents. Mais on a commencé par vouloir transporter par la vapeur des milliers de tonnes de houille, et c'est ce qui a retardé d'un demi-siècle l'avènement de l'automobilisme.

C'est vers l'année 1885 que ce procédé de locomotion qui paraissait avoir été tué par le succès de la « machine voyageuse » sur rails, des Stephenson, reparut, et toujours avec la vapeur comme engin moteur. L'omnibus de Bollée, le tricycle Bouton-Trépardoux, le quadricycle Serpollet possédaient des chaudières à vapeur très allégées, leur assurant déjà une certaine vitesse, mais ces véhicules n'allaient pas tarder à être concurrencés puis remplacés à leur tour par des systèmes plus perfectionnés, n'exigeant plus la présence continuelle d'un ouvrier chauffeur, ni les approvisionnements encombrants de combustible et d'eau exigés par la machine à vapeur. Ces systèmes étaient basés sur une récente innovation d'un mécanicien allemand nommé Daimler, lequel imagina de faire tourner les moteurs à gaz — lesquels étaient connus depuis un demi-siècle — à une allure que l'on avait d'abord trouvée excessive : 1.000 à 1.500 tours par minute, d'où résulta un allégement considérable de la machine.

Les trois procédés de génération de l'énergie motrice : la vapeur, le pétrole et l'électricité, furent donc mis en présence dans une grande course sur route en 1895, de Paris à Bordeaux et retour; ce fut le pétrole qui triompha, avec Levassor, qui pilotait une voiture équipée d'un moteur Daimler 4 chevaux 1/2, et fit les 1.200 kilomètres du parcours en 55 heures, soit à la vitesse moyenne de 22 kilomètres.

Les automobiles modernes

De la course Paris-Bordeaux date l'essor de l'automobilisme moderne, auquel jusque-là on ne croyait pas. Mais l'énorme développement pris en moins de dix ans par le cyclisme et la bicyclette était tel qu'une amélioration de ce système de locomotion s'imposait : plus d'un fervent de la pédale soupirait après la création d'un moteur capable de remplacer l'effort musculaire développé, surtout sur les côtes. Les constructeurs, répondant à ce désir, s'efforcèrent donc de créer des machines applicables aux vélos à deux, trois et quatre roues, et c'est ainsi que naquirent, à côté des grosses voitures, les voiturettes, les tricycles, quadricycles à pétrole, puis les cyclecars, scooters et autres engins.

L'automobilisme est donc devenu un prolongement du cyclisme, et il n'a été considéré au début que comme un engin de tourisme et de promenade. Les premières voitures, de 1895 à 1905, ne possédaient que des moteurs de quelques chevaux ne pouvant imprimer qu'une vitesse inférieure à cinquante kilomètres à l'heure à une carrosserie assez pesante, mais, devant la faveur de plus en plus marquée témoignée à ce nouveau sport, les constructeurs, devenus légion, s'ingénièrent à perfectionner les moindres détails de ces machines fort compliquées et sujettes à de nombreux dérangements amenant l'arrêt intempestif, la fâcheuse *panne,* guettant constamment le chauffeur novice. Les meetings, circuits et courses de vitesse organisés par les Clubs et les grandes sociétés sportives d'encouragement d'Europe et d'Amérique, réchauffèrent l'émulation des marques rivales et donnèrent lieu à des améliorations marquées dans l'agencement des moteurs, de la transmission et des carrosseries. Aujourd'hui, on peut dire que l'automobile a presque atteint la perfection, tant ses moindres détails ont été étudiés par une armée d'ingénieurs, et il semble que sa forme soit définitive ainsi que son mécanisme.

Il existe maintenant des automobiles pour tous les goûts et toutes les bourses. La plus simple est la *roue motrice* qui s'adjoint à volonté à une bicyclette ordinaire ou à un tricycle pour mutilé ou infirme. Viennent ensuite les motocyclettes, bicyclettes à moteur et scooters, véhicules à deux roues, puis les cyclecars à trois, ces derniers ayant remplacé les anciens tricars et quadricycles. Au-dessus, au point de vue du prix et constituant les automobiles proprement dites, viennent les voiturettes légères et les voitures particulières pour la promenade et les voyages, et en dernier lieu, les véhicules industriels pour le transport en commun des voyageurs et la livraison des marchandises : autobus et camions de poids lourd, enfin les tracteurs pour l'agriculture et autres usages.

FONCTIONNEMENT MÉCANIQUE

Toutes ces machines sont actionnées par un moteur à explosion fonctionnant d'après les cycles dits *à quatre temps* ou *à deux temps*, alimenté d'air carburé, c'est-à-dire chargé de vapeurs combustibles de gazoline ou essence minérale rectifiée par son passage dans un *carburateur* préparant le mélange au titre voulu. La transmission du mouvement du moteur aux roues est assurée par engrenages, la courroie ou la chaîne n'étant plus utilisée que pour les cycles à moteur. Tout le mécanisme a reçu de telles améliorations en un quart de siècle que l'on peut dire que la *panne* est devenue exceptionnelle et ne peut résulter que d'une faute ou d'un oubli du conducteur.

Il convient donc de ne pas oublier les noms des chercheurs persévérants, des ingénieurs, des mécaniciens et de tous ceux dont l'effort a contribué à créer l'industrie automobile, qui a acquis un développement prodigieux dans tous les pays du monde, c'est-à-dire, parmi les plus méritants depuis Philippe Lebon : Barnett, Brazier, Beau de Rochas, Berliet, Bollée, Boulon, Claudel, Clément, Daimler, Delamarre-Deboutteville, de Dion, Dugald-Clerk, Darracq, Delahaye, Dunlop, Duryea, Delaunay-Belleville, Delage Dufaux, Fernand Forest, Gobron et Brillié, Ford, Harley, Hautier, Hispano-Suiza, Henriod, Jeantaud, Jenatzy, Krebs, Knap, Knight, La Valette, Levassor, Michelin, Millet, Monet, Mors, Napier, Panhard, Peugeot, Renault, Richard, Saurer, Tenting, Voisin, Vermorel, etc. On voit par cette liste, quelque incomplète qu'elle soit, quelle part les ingénieurs français ont prise à l'étude de l'automobile, qu'ils ont contribué pour leur bonne part à amener au point de perfection actuel. C'est donc surtout une création du génie français et, en cet ordre d'idées, comme en bien d'autres d'ailleurs, nos savants et nos industriels ont été des précurseurs.

DEUXIÈME LEÇON

Fonctionnement du moteur d'automobile

Le cycle a quatre temps

La plupart des moteurs d'automobiles fonctionnent d'après ce que l'on appelle *le cycle à quatre temps,* indiqué par l'ingénieur Beau de Rochas, dans un brevet pris en 1862, et auquel il ne fut donné aucune suite expérimentale. Ce ne fut qu'en 1867 qu'il fut appliqué pour la première fois à un moteur à gaz par le Dr Otto. Dans ce cycle, les opérations se succèdent selon quatre phases successives se reproduisant indéfiniment et correspondant aux divers mouvements d'un piston à l'intérieur d'un cylindre. Nous allons expliquer quelles sont ces phases. (Voir fig. 2.)

Pendant le *premier temps,* le moteur, qui est pourvu de deux soupapes, agit comme une pompe aspirante. Une dépression se produit à l'intérieur du cylindre pendant le mouvement de descente du piston, et il en résulte une aspiration à travers une soupape dite *d'admission,* automatique ou commandée. L'air qui parvient au cylindre et le remplit, est mélangé de vapeurs d'essence par son passage dans un appareil spécial appelé *carburateur,* que nous décrirons dans une leçon ultérieure. Cette aspiration s'opère tant que le piston descend et que la soupape reste ouverte.

Arrivé au bas de sa course, le piston s'arrête, puis revient en arrière. Pendant cette course rétrograde, les deux soupapes sont fermées, et par conséquent le mélange d'air et de vapeurs d'hydrocarbures se comprime de plus en plus jusqu'à ce que le piston soit revenu à son point de départ. C'est le *deuxième temps* ou phase de compression.

La compression ainsi opérée dans un espace ménagé au fond du cylindre et dit *chambre de compression* ou *culasse,* le mélange est enflammé par un moyen quelconque, — il n'est plus fait usage aujourd'hui dans ce but que de l'étincelle électrique d'induction, — et le mélange détone brusquement en produisant un grand volume de gaz à haute température. Le piston est violemment repoussé à l'autre extrémité du cylindre, en produisant l'action motrice qui est utilisée. C'est le *troisième temps,* ou phase de détente.

Enfin, pendant le *quatrième temps,* le piston revient encore en arrière à sa position de départ.

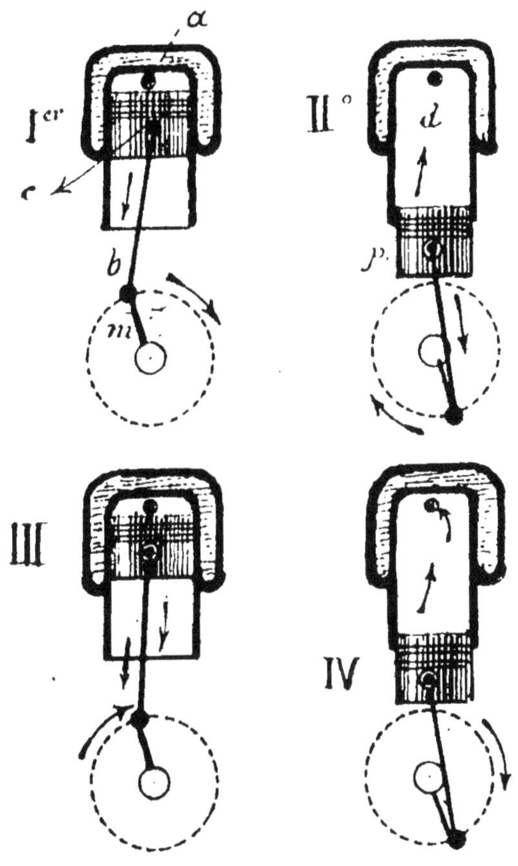

FIG. 2. — Les quatre temps du cycle.

C'est alors que la deuxième soupape, dite *d'échappement,* est ouverte, laissant les gaz détendus s'échapper à l'extérieur, puis les opérations recommencent toujours dans le même ordre :

aspiration, compression, action motrice et échappement. Sur quatre courses du piston, deux en avant et deux rétrogrades, correspondant à deux tours complets de l'arbre de couche, il n'y en a donc en réalité qu'une seule, correspondant à une demi-révolution de l'arbre, qui soit réellement utile et produise du travail. C'est dans le but de régulariser le mouvement que l'on adjoint à l'arbre tournant un ou deux volants assez lourds, emmagasinant la force vive développée par les explosions et assurant l'uniformité du mouvement de rotation.

Il résulte de l'application de ce principe qu'il est nécessaire, pour mettre un semblable moteur en route, de le *lancer* en lui faisant exécuter les deux premiers temps avant d'obtenir l'inflammation et par suite le départ. Lorsqu'un moteur comporte quatre cylindres, ce qui permet d'obtenir une explosion par course de piston, le départ peut être réalisé comme on dit *au quart de tour* si la carburation est parfaite, autrement, pour un moteur monocylindrique, il faut s'astreindre à faire effectuer à la force du poignet plusieurs tours à la manivelle reliée par un assemblage *à dent de loup* à l'arbre de couche avant de déterminer une explosion et par suite la mise en train.

C'est là, on le conçoit, un procédé assez bar-

bare, surtout quand il s'agit de moteurs puissants et usagés, en raison de l'adhérence des *segments* du piston avec les parois internes des cylindres, aussi fait-on de plus en plus usage du *démarrage automatique,* dont le mode d'action est le suivant : une petite dynamo, chargée de l'éclairage des phares de la voiture et alimentée par le courant de quelques éléments d'accumulateurs, travaille comme réceptrice et entraîne l'arbre du moteur à essence qui démarre au bout de quelques tours. A partir de ce moment, la dynamo travaille comme génératrice et recharge les accus; un disjoncteur automatique la met ensuite hors circuit dès que ceux-ci sont complètement chargés et ont atteint le voltage normal.

Les moteurs à deux temps. — Afin de réaliser une marche plus uniforme et augmenter la puissance développée sans accroître en même temps le poids de la machine, on a songé à recourir à d'autres cycles de fonctionnement, notamment au cycle *en deux temps*, qui permet d'obtenir une action motrice sur le piston à chaque révolution complète de l'arbre au lieu d'une seule par deux tours. Ce résultat est atteint en effectuant la compression dans le carter étanche contenant l'arbre vilebrequin, et ce pendant la course descendante du piston, alors que l'effort moteur s'opère sur la face supérieure de celui-ci.

Certains modèles de moteurs basés sur ce principe n'ont par suite ni soupape d'admission ni soupape d'échappement; la distribution a lieu par l'arbre de couche lui-même, qui est creux et possède une *lumière* mettant le carburateur en rapport avec le canal interne d'amenée de gaz au cylindre. La rotation de l'arbre de couche est ainsi beaucoup plus régulière, l'action motrice s'exerçant à intervalles plus rapprochés. Les trépidations sont sensiblement atténuées et ces avantages ont assuré au cycle à deux temps un certain succès.

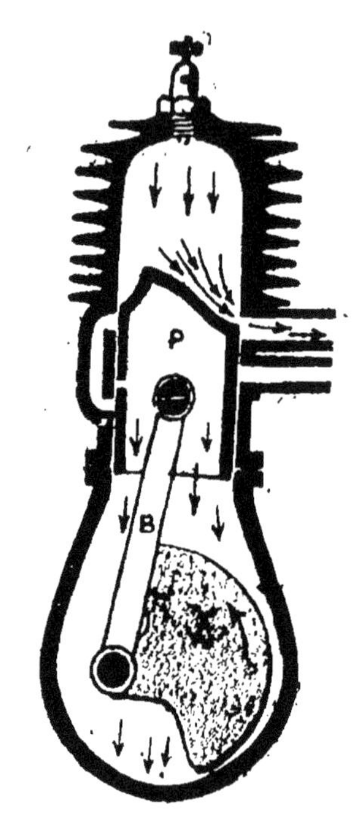

FIG. 3. — Coupe d'un moteur à deux temps.

MOTEURS A MULTICYLINDRES

Le moteur monocylindre a été seul employé au début de l'automobilisme, et, pour lui permettre de fournir une plus grande puissance, on lui donnait un alésage et une course quelquefois démesurés, mais on est revenu depuis longtemps de cette erreur, et on est parvenu à créer des modèles de grande puissance et d'une régularité de marche merveilleuses en fractionnant l'effort à produire et en le reportant sur un plus grand nombre de cylindres. C'est ainsi que l'on a établi des moteurs, d'abord à deux, puis à quatre, six et huit cylindres, agencés côte à côte sur une boîte cylindrique ou *carter* contenant l'arbre vilebrequin avec ses coudes-manivelles. On arrive ainsi à avoir une explosion par course de piston, ce qui procure une marche d'une absolue uniformité. D'autre part, pour augmenter la puissance, on fait tourner l'arbre extrêmement rapidement, jusqu'à quatre et cinq mille tours par minute, ce qui permet de réaliser des moteurs de poids très réduit ne dépassant pas 2 kilogrammes par cheval-vapeur utilisable.

TROISIÈME LEÇON

Théorie du moteur à explosions

Comment s'obtient l'énergie motrice

Toutes les machines motrices actuellement en service dans l'industrie tirent leur puissance de la chaleur, et les moteurs animés eux-mêmes ne font pas exception à cette loi générale. Il y a une corrélation intime entre la chaleur, qui n'est qu'une forme particulière de l'énergie et le travail. La loi d'équivalence a été formulée par Mayer et constitue le principe fondamental de la thermodynamique. Elle peut s'énoncer comme suit :

« *Toutes les fois qu'un corps produit ou subit un travail, il disparaît ou il apparaît de la chaleur, et il existe un rapport unique et constant entre les quantités de travail et de chaleur qui dépendent les unes des autres dans ces phénomènes.* »

Ce rapport unique et constant a été déterminé par expérience et on a adopté la *calorie* (kg. d.) comme unité de chaleur et le *kilogrammètre* comme unité de travail. Ce rapport est égal à 424. Ainsi, la quantité de chaleur nécessaire pour élever de 1 degré centigrade la température de 1 kilogramme d'eau (ou calorie) est précisément égale à la quantité de travail à développer pour élever un poids de 424 kilogs à 1 mètre de hauteur ou inversement.

Dans toutes les machines thermiques imaginées jusqu'à présent, la chaleur est transformée en énergie cinétique, ou mouvement, par l'intermédiaire d'un corps quelconque : vapeur d'eau, air, gaz, et non pas directement. Pas davantage que l'on ne sait encore transformer *directement* la chaleur en électricité, on ne sait transformer une quantité donnée de chaleur en une quantité équivalente de travail et tous les moteurs actuels ne sont en réalité que des transformateurs très défectueux comme rendement, ainsi qu'il est aisé de s'en rendre compte.

Dans un moteur à explosions tel qu'en possèdent les automobiles, c'est la quantité d'essence brûlée, qui, en dégageant de la chaleur, fournit le travail dépensé pour la progression du véhicule. L'expérience a montré que 1 gramme d'essence, en se combinant avec un volume de 11 litres d'air à la température ambiante (16 litres à la température de l'explosion), peut produire une quantité de chaleur égale à 11 calories, c'est-à-dire 11 × 424 = 4.664 kilogrammètres. Or, c'est tout au plus si l'on recueillera 750 kilogrammètres sur l'arbre moteur, ce qui correspond à un rendement utile de 17 0/0 à peine. 83 0/0 de l'énergie sont dissipés en pure perte par la transformation. Ce rendement est déplorable, et cependant il est supérieur de moitié à celui de la machine à vapeur, qui n'utilise, ainsi que cela a été mesuré à maintes reprises, que 9 à 10 0/0 de la chaleur dépensée dans le foyer.

Ce gaspillage énorme, que l'on s'efforce de réduire par tous les moyens possibles, démontre que le principe d'après lequel est basé le fonctionnement des moteurs est défectueux et que c'est dans une tout autre voie qu'il convient de chercher la solution économique du problème de la transformation de l'énergie.

Principe de Sadi Carnot

Dans les moteurs thermiques modernes, la quantité de travail recueillie dépend du rapport existant entre la température de l'échappement et celle de l'admission. C'est la seconde loi de la thermodynamique qui a été énoncée comme suit par le mathématicien Sadi Carnot dès 1823 :

« *Lorsqu'un corps est successivement mis en communication avec une source de chaleur faisant office de foyer et avec un réfrigérant, et que les échanges de chaleur se font à température constante, le rapport de la quantité de chaleur fournie par le foyer à celle qui est reprise par le réfrigérant est indépendant de la nature du corps et ne dépend que de la différence de température entre le point de départ et celui d'arrivée.* »

On se demande pourquoi il est impossible d'accroître indéfiniment cet écart entre les températures ; la réponse sera facile, c'est qu'on ne connaît pas de réfrigérant pratique qui soit au zéro absolu de la nature, c'est-à-dire à 273 degrés au-dessous de zéro du thermomètre centigrade. Il est aussi impossible de transformer tout le calorique disponible en travail, a écrit le professeur Witz, qu'il l'est d'actualiser tout le travail potentiel d'une chute d'eau, en comptant comme hauteur de chute la distance verticale du bief d'amont au centre de la terre, vers lequel la gravitation tend à faire converger sa masse. Refroidir un gaz au zéro absolu est aussi impossible que d'atteindre le centre du globe.

C'est donc le rapport entre le nombre de calories dégagées et de kilogrammètres recueillis que l'on s'est efforcé d'augmenter en améliorant les détails de construction des machines, car il détermine leur réelle valeur économique. Or, les moteurs à explosion permettant un écart de température plus grand que ceux à vapeur, la température pouvant s'élever à près de 1600° au moment de la déflagration, il en résulte que leur coefficient de rendement est plus élevé.

Supériorité des moteurs a explosions

La difficulté pratique qui s'oppose à l'élévation indéfinie de la température du foyer réside dans la nature des pièces composant les mécanismes. A 400° C., la tôle est au rouge sombre, et à son contact, les lubrifiants se décomposent et perdent leurs propriétés. Dans l'air à 300°, les huiles s'oxydent déjà et forment d'épais cambouis en se solidifiant. L'impossibilité du graissage limite donc le rendement des moteurs, et l'on peut croire que la température première ne pourra être surélevée tant qu'on n'aura pas découvert une substance insensible à la chaleur et pouvant assurer la lubrification à toute température. On est obligé, en attendant, de refroidir la paroi du cylindre afin d'assurer le graissage, mais, de ce fait, une grande quantité de calorique se trouve perdue et l'on se trouve alors fort éloigné des conditions fondamentales d'un cycle parfait.

Théoriquement, les moteurs à gaz ou à air carburé sont très supérieurs à ceux à vapeur, car ils peuvent fonctionner entre des limites de température sensiblement plus éloignées, à moins d'élever considérablement la pression, ce qui devient alors dangereux. Ils gaspillent moins de combustible à égalité de travail produit et, de plus ils n'ont pas le gros inconvénient d'entraîner la présence d'un générateur pesant, d'une chaudière exigeant la présence constante d'un ouvrier pour sa conduite et son chargement, et surtout l'adjonction de réserves importantes de combustible et d'eau pour l'alimentation en cours de route. Ainsi que nous l'avons indiqué dans la précédente leçon, le poids *mussique* des moteurs actuels d'autos ne dépasse pas 2 à 3 kilogrammes par cheval-vapeur de 75 kilogrammètres, pour les moteurs d'une certaine puissance. Quant aux approvisionnements de route, ils ne dépassent par un demi-litre d'essence à la densité de 700°, soit un demi-kilogramme par cheval et par heure de marche.

CAUSES DE LA LÉGÈRETÉ DES MOTEURS A EXPLOSIONS.

D'où vient donc cette supériorité, au point de vue de la légèreté, du moteur à essence? Tout simplement de ce fait qu'il dispose d'un réservoir inépuisable que l'on ne fait pas entrer en ligne de compte parce que ce qu'il fournit ne coûte rien et n'embarrasse point, car ce réservoir n'a pas à être monté sur les voitures : il est toujours à portée : c'est l'atmosphère.

Un calcul très simple va permettre de se rendre compte de la quantité d'air nécessaire pour brûler un litre d'essence minérale, composée, ainsi que l'analyse chimique l'a montré, de 82 parties de carbone pour 7 d'hydrogène et 1 d'oxygène. Un kilogramme d'essence contient donc 170 grammes d'hydrogène, 10 d'oxygène et 820 de carbone, et un litre de ce combustible dont la densité est de 700 grammes, contiendra :

$170 \times 0,7 = 119$	grammes	d'hydrogène
$820 \times 0,7 = 574$	—	de carbone.
$10 \times 0,7 = 7$	—	d'oxygène.

Les produits de la combustion de l'essence avec l'air sont l'eau (H^2O) et l'acide carbonique CO^2. Les poids atomiques de ces corps sont $H = 1$; $C = 12$; $O = 16$. Donc, pour l'eau,

1 gramme d'hydrogène exige 8 grammes d'oxygène, car 2 gr. = 16 gr. Nous en avons 119 à brûler, ce qui demandera 119 × 8 = 952 grammes d'oxygène..

L'acide carbonique étant pour 12 grammes, il faudra de ce fait 32 grammes d'oxygène ; on en a 574, il faut donc $\frac{574 \times 32}{12}$ = 1.530 grammes.

En résumé, un litre d'essence de pétrole demandera pour brûler parfaitement : l'hydrogène 952 et le carbone 1.530 grammes d'oxygène, soit au total 2 kilogs 480 grammes de ce dernier gaz. Or, comme on sait, l'air est composé en poids d'un cinquième seulement d'oxygène, ce qui conduit à déterminer qu'il en faut la quantité suivante :

$$2.480 \times 5 = 12 \text{ kilogs } 400$$

Le mètre cube d'air pesant 1.300 grammes, on voit qu'il faut près de dix mètres cubes pour brûler un litre d'essence, ce qui nécessiterait un gazomètre de belle taille s'il fallait emmagasiner ce comburant dans un récipient.

QUATRIÈME LEÇON

Anatomie du moteur

La distribution

De même que dans les machines à vapeur, la distribution du mélange gazeux aux cylindres peut s'opérer, dans les moteurs à explosions, par soupapes ou par tiroirs. Les premiers modèles de Lenoir et d'Otto étaient pourvus de tiroirs et l'on tend à revenir à ce dispositif dans quelques systèmes modernes (moteurs *Minerva*, Knight, etc.), bien que la plupart des moteurs d'autos demeurent pourvus de soupapes.

Le problème de la distribution est assez simple au point de vue cinématique. Il n'est plus besoin, comme dans une distribution de vapeur, de recourir au diagramme de Zeuner pour assurer le degré de détente voulu et les *avances* convenables à donner à l'admission et à l'échappement. La question se réduit à déterminer le moment d'ouverture de la soupape d'admission lorsque le piston est parvenu à un certain point de sa course, de façon à ce que le clapet retombe sur son siège juste à l'instant où l'inflammation du mélange va se produire. La soupape d'évacuation des gaz brûlés peut rester ouverte pendant toute la durée de la course rétrograde du piston dans un moteur à deux temps, d'une course rétrograde sur deux dans un moteur à quatre temps, ce qui rend nécessaire alors de commander le mouvement de cette soupape par un arbre intermédiaire faisant 1 tour pour 2 de l'arbre de couche.

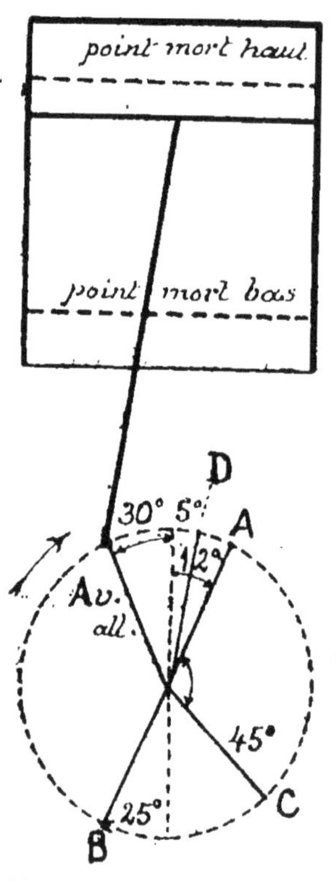

FIG. 4. — Schéma du calcul d'un moteur à explosions.

Il est un facteur qui reste sensiblement constant pour tous les moteurs à explosions; on lui a donné le nom de *déplacement spécifique des pistons*. La surface du piston et le volume de la cylindrée étant connus, ainsi que la vitesse angulaire et le nombre de cylindres, on déduit le déplacement, qui est exprimé en litres par seconde, et ce déplacement est égal au produit du double volume de la cylindrée (aller et retour) par la vitesse angulaire en tours par seconde et par le nombre des cylindres. Connaissant la puissance développée en chevaux-vapeur et le déplacement du ou des pistons en litres par seconde, on en déduit, en divisant la deuxième par le premier, le déplacement spécifique qui s'exprime en litres par seconde et par cheval. Les mesures qui ont été relevées sur différents modèles de moteurs ont prouvé que, pratiquement, le quotient du déplacement des pistons d'un moteur par la puissance qu'il développe est une quantité proportionnelle et que la puissance est proportionnelle au déplacement des pistons. En raison des vitesses de rotation considérables aujourd'hui adoptées couramment, on obtient autant de travail de moteurs ayant une cylindrée d'un demi-litre (500 cent. cubes) que l'on en obtenait il y a dix ans de moteurs ayant une cylindrée de 5 à 6 fois plus grande.

Calcul de la puissance d'un moteur

Le poids d'essence brûlée dépend du volume de gaz aspiré et du nombre de cylindrées faisant explosion, car il faut tenir compte des *ratés* que l'on peut évaluer entre 2 et 5 0/0. Ces divers éléments suffisent pour déterminer par le calcul le travail disponible et la puissance d'un moteur.

Voici un exemple. Supposons que l'on veuille connaître la puissance fournie par un moteur à quatre cylindres dont l'alésage est de 100 millimètres et la course de 120 mm. on aura pour la valeur de chaque cylindrée :

$$V = R^2 \times \pi \times H, \text{ ou } 0{,}050 \times 3{,}14 \times 120 = 942 \text{ cent. cub.}$$

Le moteur tournant à une vitesse de régime fixée à 1.500 tours par minute, il se produira une aspiration à chaque demi-tour de l'arbre puisqu'il comporte quatre cylindres agissant l'un après l'autre. On aura donc 50 aspirations par seconde ou

$$50 \times 942 \text{ cent. cubes} = 47 \text{ litres d'air}$$

Il faut, nous avons dit 16 litres d'air pour brûler un gramme d'essence, 47 litres correspondront donc à 3 grammes d'essence ou 33 calories. Si le rendement atteint 20 0/0, ces 33 calories donneront $33 \times 424 : 5 = 2.798$ kilogrammètres ou 37 chevaux de 75 kilogrammètres par seconde.

C'est là un resultat excellent, car la pratique a montré qu'en thèse générale il faut dépenser près de 300 grammes d'essence pour recueillir un cheval-heure. Un moteur de 37 chevaux consomme donc au moins 15 litres d'essence par heure, ainsi que le calcul que nous venons de faire le démontre, mais il faut pour cela que le refroidissement soit bien compris.

AGENCEMENT D'UN MOTEUR D'AUTOMOBILE

Dans les moteurs à explosions pour automobiles, le bâti de support est remplacé par un *carter* ou boîte en alliage d'aluminium hermétiquement clos et contenant une certaine quantité d'huile épaisse dans laquelle viennent barboter les coudes de l'arbre à vilebrequin sur lesquels viennent s'articuler les bielles. L'huile est ainsi projetée jusque sur les parois internes des cylindres contres lesquelles frottent les pistons dans leur mouvement. Le carter porte les pattes ou brides d'attache le reliant au châssis de la voiture. A sa partie inférieure se trouve un robinet ou bouchon de vidange permettant d'évacuer l'huile salie et épaissie après un certain temps de fonctionnement. Le graissage est donc assuré, dans cette disposition par un bain d'huile. Le carter porte généralement des plaques, ou *regards* pouvant s'enlever à volonté pour faciliter la visite des têtes de bielles et leur réglage sans nécessiter le démontage de l'ensemble. L'arbre vilebrequin tourne dans le carter entre des coussinets supportés par des paliers en bronze; toutefois, dans les monocylindres, il n'y a pas de vilebrequin, la bielle est articulée sur un maneton réunissant les jantes de deux lourds volants pleins emmagasinant la force vive des explosions et assurant l'uniformité du mouvement de rotation.

L'*alésage* est le diamètre intérieur du cylindre et la *course* le chemin parcouru par le piston dans l'intérieur du cylindre. On peut donc caractériser un moteur en énonçant ces deux dimensions en millimètres. Un moteur 80-115 a donc un alésage de 80 et une course de 115 mil-

Fig. 5. — Arbre à cames de distribution.

limètres. La longueur du bras de la manivelle est juste la moitié de la longueur de la course. On caractérise aussi les moteurs d'après le volume engendré par leur cylindrée exprimée en centimètres cubes : 250, 500, 750, 1.000 centimètres cubes et au delà.

La distribution de l'air carburé est opérée le plus souvent par des soupapes dont le temps d'ouverture est commandé par des culbuteurs ou des cames portées par un arbre spécial, tournant à demi-vitesse de l'arbre principal dans les moteurs à quatre temps, arbre qui est entraîné par deux pignons droits, le plus petit de diamètre moitié moins grand que l'autre qui est claveté sur l'arbre principal. Ces deux engrenages sont enfermés dans un petit carter. Dans les modèles polycylindriques, un arbre de distribution général commande, par des cames et des taquets, toutes les soupapes d'admission et d'échappement qui se lèvent et se ferment au moment précis déterminé par les temps successifs du cycle (fig. 5).

La *culasse,* fermant le fond du cylindre à sa partie supérieure est munie d'ailettes venues de fonte ou elle est pourvue d'une double enveloppe afin d'assurer le refroidissement (par air ou par eau. Elle contient la chambre de compression et d'explosion avec le téton taraudé devant recevoir la *bougie d'allumage*, ainsi que les deux sièges des soupapes.

Fig. 6. — Piston avec sa bielle (segment agrandi).

Le *piston,* très léger, entouré de deux, trois ou quatre *segments* extensibles en fonte douce s'appliquant exactement sans frottement exagéré sur la paroi du cylindre, est traversé suivant son diamètre par un *tourillon* fixe sur lequel s'articule le *pied* de la bielle, en acier fondu, qui relie ce piston à la manivelle. (Fig. 6.)

Le *vilebrequin*, en acier trempé et rectifié, com-

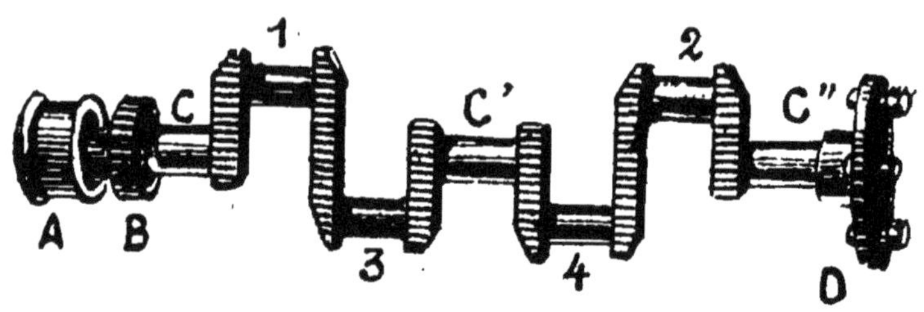

FIG. 7. — Arbre vilebrequin pour moteur à quatre cylindres : A, commande du ventilateur; B, pignon de commande de l'arbre à cames; C C' C", portées, 1, 2, 3, 4 manetons; D, plateau d'accouplement.

porte autant de coudes que le moteur possède de cylindres; ces coudes, formés de deux manetons parallèles, sont disposés soit à 90 soit à 180 degrés l'un de l'autre selon qu'il y a quatre ou six cylindres accouplés.

Les *soupapes* d'admission et d'échappement, cette dernière en acier au nickel pour résister à l'action des gaz évacués et ne pas s'oxyder à haute température, sont composées d'un siège fixe et d'un clapet mobile avec queue centrale guidée dans son mouvement par un ressort à boudin de rappel.

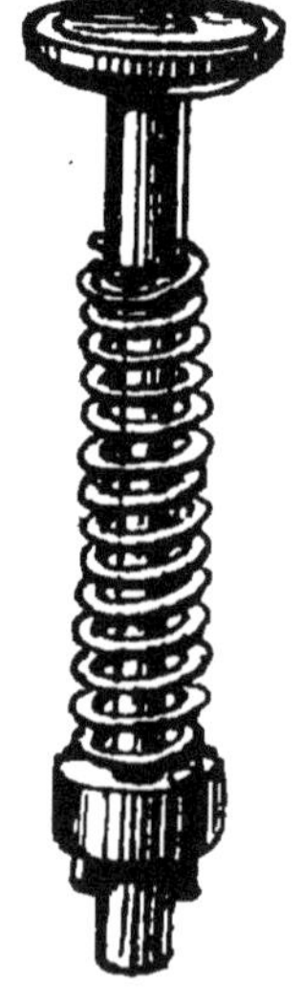

FIG. 8. Soupape d'échappement.

Telles sont les pièces constituant un moteur pour automobile, dont le parfait ajustage et la bonne fabrication assurent un fonctionnement économique et une longue durée à cet organe essentiel, véritable cœur de l'automobile.

Les moteurs sans soupapes

On a reproché au système de distribution par soupapes de nombreuses causes de pannes résultant soit de la rupture de la tige, du collage du clapet sur son siège, etc., ainsi que le défaut d'étrangler l'arrivée des gaz. Dans les moteurs tournant à grande vitesse, où elles doivent s'ouvrir et se fermer jusqu'à cinquante fois par seconde, elles s'affolent et ne peuvent plus suivre le mouvement des cames, amenant ainsi une sérieuse perte de puissance. C'est pour remédier à ces inconvénients que l'on a songé à les supprimer dans certains modèles en revenant aux tiroirs mobiles pour opérer la distribution. Telles sont les dispositions données aux types construits par Bingham, Hewitt, la Cie *Mercédès* et les Etablissements Panhard Levassor.

Le moteur *Minerva Knight* construit par cette cette dernière usine, est à quatre cylindres accolés deux à deux; chaque cylindre est percé à sa partie supérieure de deux ouvertures en rapport, l'une avec l'arrivée des gaz, l'autre avec l'échappement. A l'intérieur se meuvent, dans le sens vertical, deux autres cylindres ou manchons dont le jeu permet l'ouverture et la fermeture de l'aspiration et de l'échappement par deux larges fentes qui viennent se placer en face aux moments voulus des ouvertures. Chaque manchon est actionné par un excentrique calé sur l'arbre à demi-vitesse, commandé lui-même par l'arbre vilebrequin. La course des manchons est moindre que celle des pistons, de telle sorte que, dans un moteur de 35 chevaux elle est onze fois moins rapide; de plus, grâce à la longueur des ouvertures, les gaz trouvent un passage bien plus grand que ne pourraient leur en laisser des soupapes. L'aspiration et l'échappement s'opèrent comme suit :

Le piston étant en haut de sa course, pour produire l'appel des gaz frais, les ouvertures de gauche du cylindre et des manchons coïncident Dès que le piston descend, l'air carburé est aspiré et remplit le cylindre jusqu'en fin de course. Aú début de la remontée du piston et de la phase de compression, ces ouvertures se ferment et restent ainsi pendant la compression et la course de détente, les mouvements des manchons étant combinés de telle sorte que si l'ouverture de l'un est démasquée, l'autre présente sa face obturatrice. Les ouvertures d'échappement, à droite du cylindre, se démasquent au moment de la remontée du piston, et s'obstruent un instant après que celles d'aspiration se sont ouvertes, cela afin que les gaz frais puissent chasser les derniers gaz brûlés. Le cycle à quatre temps est donc parfaitement réalisé.

Le moteur Knight est absolument silencieux, surtout en plein travail et il est d'une remarquable souplesse de marche car l'équilibrage des pièces est parfait. La partie essentielle de ce système consiste dans la commande des manchons par un arbre à excentrique à demi-vitesse de l'arbre manivelle. A la vitesse normale de 1.200 tours par minute, les manchons se déplacent à raison de 30 m. 50 par seconde, et les efforts de traction varient entre 11 et 28 kilogrammes. Ce chiffre comparé aux milliers de kilogrammes que supporte l'axe des pistons au moment de l'explosion permet de regarder ces efforts comme insignifiants et incapables de causer une rupture. La pression initiale de l'explosion étant de 25 kilogrammes, la poussée est de 407 kilogs, soit 1.400 grammes par centimètre carré. Les manchons travaillent donc à une pression trois fois plus faible que les pistons.

Ajoutons à l'avantage des tiroirs distributeurs sur les soupapes qu'étant solidaires des excentriques qui les commandent, ils ne sont sujets à aucun affolement, même aux plus grandes vitesses. Les lumières s'ouvrent et se ferment toujours mathématiquement aux instants voulus, et comme leurs sections sont beaucoup plus grandes qu'il ne serait nécessaire, on remarque que, plus le moteur tourne vite et plus il développe de puissance, s'améliorant d'autant plus qu'il travaille davantage et plus longtemps.

CINQUIÈME LEÇON

Refroidissement des moteurs

Nécessité du refroidissement des cylindres

La chaleur dégagée par la combinaison des hydrocarbures avec l'oxygène de l'air au contact d'une étincelle électrique ne peut être complètement utilisée et transformée en travail pour les raisons qui ont été exposées au chapitre de la *Théorie des moteurs*, et il en résulte un échauffement considérable du métal constituant les divers organes. Sous l'influence des explosions qui se succèdent à raison de plusieurs dizaines par seconde, les parois du ou des cylindres ne tardent pas à atteindre une température si élevée que les lubrifiants sont carbonisés à leur contact; le fonctionnement devient alors irrégulier, il se produit des ratés ou des allumages intempestifs et l'arrêt survient par grippage des pièces frottantes.

Il résulte donc qu'il faut se débarrasser, quoique ce soit là une perte sensible d'énergie coûtant cher à produire, des calories surabondantes. Autrement, cet échauffement exagéré ne tarderait pas à entraîner la mise hors de service de la machine qu'il serait impossible de maintenir en marche plus de quelques instants, aussi emploie-t-on, pour les automobiles, deux procédés distincts de réfrigération des cylindres, par l'air ou par l'eau. Nous allons étudier ces méthodes dans la présente leçon.

Refroidissement par l'air

Sur les véhicules légers et rapides, tels que les motocyclettes et tricars, on a pu refroidir suffisamment les moteurs de moyenne puissance qui assurent leur progression en utilisant dans ce but le courant d'air produit par la marche. A cet effet, la chambre d'explosion, la culasse et le cylindre sont entourés d'ailettes venues de fonte et faisant corps avec ces pièces. Grâce à la conductibilité du métal, ces différentes parties de la machine rayonnent leur chaleur par une surface considérablement plus étendue que si elles étaient dépourvues de ces appendices.

Toutefois cette conductibilité du métal limite la longueur à donner aux ailettes et par conséquent la surface de rayonnement du moteur. Les ailettes ne sont d'ailleurs réellement efficaces que lorsqu'il existe entre elles et l'air arrivant à leur contact une grande différence de température. Lorsque les cylindres et culasses sont en fonte, ils n'ont que des ailettes ou nervures relativement courtes et rayonnant leur calorique par une surface limitée en raison de la nature du métal. On conçoit en effet l'inefficacité d'une ailette qui serait d'une longueur telle que son extrémité pourrait être froide alors que le cylindre avec lequel elle fait corps serait porté au rouge sombre. Il faut donc calculer les dimensions des ailettes de telle façon que la température à son point le plus rapproché du moteur soit presque la même qu'à son extrémité la plus éloignée. Le refroidissement par ce système n'est donc réellement efficace que pour les moteurs de faible puissance montés sur des véhicules rapides. La violence du courant d'air pendant la marche est dans ce cas le principal agent de réfrigération.

Le facteur à considérer est donc la progression de la machine pour un tour du moteur.

Si l'on suppose connu et fixé le poids de l'appareil : moto, scooter ou cyclecar, avec son conducteur, on pourra lui adapter un moteur de 2 à 4 chevaux, à la condition que l'avancement par tour du moteur soit proportionné à la puissance de celui-ci, sans quoi le refroidissement par air serait insuffisant. Si nous prenons par exemple une moto munie d'un moteur de force F faisant avancer la machine d'une distance A par tour, ce qui lui assure un refroidissement suffisant, et que l'on transporte ce moteur sur un véhicule plus lourd, par exemple un cyclecar, ce qui obligera à réduire sensiblement la multiplication, on n'aura plus qu'une vitesse par seconde de 1/2 A ; le refroidissement par le courant d'air moins rapide sera moins grand, alors le moteur s'échauffera, ne donnera plus sa puissance normale et finira par s'arrêter. C'est pour cette raison que les moteurs à ailettes ne conviennent qu'aux véhicules très rapides.

Refroidissement par eau

Avec ce procédé, le moteur est pour ainsi dire plongé dans l'eau ; celle-ci entoure en effet le cylindre, la culasse et la chambre d'explosions portant les soupapes. On conçoit que cet agencement puisse être d'une grande efficacité, mais il n'est pas cependant sans présenter quelques inconvénients. Toute la chaleur excédante de l'explosion doit en effet être absorbée par l'eau, ce qui fait que celle-ci ne tarde pas à être réduite en vapeur. Il est donc nécessaire, pour assurer la permanence du fonctionnement, de disposer d'un grand volume d'eau ou de lui faire perdre à son tour la chaleur absorbée en l'obligeant à circuler dans un condenseur ou un réfrigérant approprié.

Le moyen de circulation le plus simple est

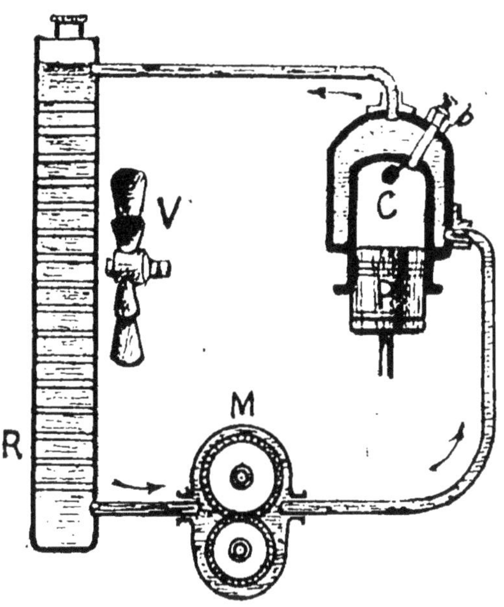

FIG. 9. — Schéma du refroidissement du moteur dans une auto : C, cylindre; P, piston; R, radiateur; M, pompe rotative; V, ventilateur à palettes; *b*, bougie.

celui qui se base sur la différence de densité entre l'eau chaude et l'eau froide. Un réservoir de capacité proportionnée à la puissance du moteur est disposé au-dessus; l'eau froide est amenée au bas du cylindre et évacuée par le haut à une température d'environ 80 degrés; elle revient ensuite au réservoir où elle se déverse en raison du phénomène dit de *thermosiphon* qui se produit. L'eau du réservoir s'échauffe donc graduellement et à moins que celui-ci n'ait de très grandes dimensions, le liquide se réduit en vapeur et on est obligé de le remplacer à intervalle assez rapprochés. Ce système, excellent pour les installations à poste fixe en raison de sa simplicité, est donc tout à fait insuffisant pour des véhicules, aussi n'est-il plus usité, et remplacé par la

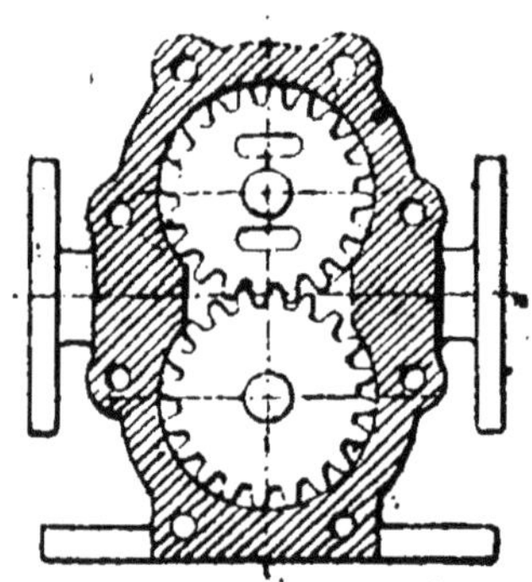

Fig. 10. — Pompe à engrenages (coupe).

circulation d'eau forcée, au moyen d'une pompe centrifuge ou à engrenages. Cette dernière est même à peu près la seule en usage maintenant car elle donne une plus grande pression au liquide. La circulation est ainsi mieux assurée et plus rapide et le débit est proportionnel à la vitesse du véhicule, enfin tous risques de désamorçage sont supprimés, ce qui n'a pas lieu avec les pompes centrifuges, qui sont en quelque sorte inusables alors que les pompes à engrenages nécessitent de fréquentes visites et réparations (fig. 9 et 10).

La commande de la pompe s'opère par chaîne, courroie, engrenages ou friction sur l'arbre, selon qu'il s'agit d'une pompe centrifuge ou à palettes. La commande par friction est sujette à certains ennuis : le volant, muni de sa garniture, peut appuyer trop ou pas assez sur le volant d'entraînement. Dans le premier cas, on risque de fausser l'axe de la pompe et on ovalise anormalement les paliers; dans l'autre, l'entraînement s'opère mal, il y a du glissement et la circulation s'en ressent. Le seul avantage de la commande par friction réside dans sa souplesse. Si, pour une raison quelconque, gel, grippage ou autre la pompe vient à caler, les deux volants patinent, tandis que, si la commande est rigide, il peut résulter de ce coincement la rupture d'une pièce de la transmission.

RÔLE DU RADIATEUR

L'eau chaude arrivant de la chemise-enveloppe des cylindres et parvenant à la pompe est chassée par celle-ci soit dans un réfrigérant à ailettes, soit dans un *radiateur*. Le premier consiste en un long tube plusieurs fois replié sur lui-même pour restreindre son encombrement, et garni sur toute sa longueur et à quelques millimètres l'une de l'autre, d'innombrables ailettes dont le but est de disséminer dans l'air ambiant la chaleur du tuyau comme dans le procédé de refroidissement direct des cylindres par l'air.

Le *radiateur*, presque seul employé aujourd'hui, est une caisse rectangulaire assez plate dont les deux faces en regard sont reliées par de très petits tubes traversant l'eau dont la caisse est remplie. Un ventilateur à quatre ou six palettes, disposé sur la face interne de la caisse et tournant à grande vitesse par une courroie passant sur l'arbre de couche, chasse un torrent d'air (ou il l'aspire) à travers les petits tubes ou *alvéoles* du radiateur. Ce violent courant d'air assure un refroidissement suffisant de l'eau qui retourne ensuite au moteur.

Avec des tubes à ailettes sans ventilateur soufflant ou aspirant, il faut une surface de refroidissement de 0 m. carré 4 par cheval et un poids de métal de 500 grammes. Le radiateur nid d'abeilles exige à peu près la même surface proportionnelle et un poids de 750 grammes, et pourtant, malgré sa plus grande complication, il est à peu près seul employé maintenant.

SIXIÈME LEÇON

L'allumage des gaz dans les moteurs

Les premiers systèmes

Lorsqu'en 1860 Lenoir fit connaître son premier moteur à gaz, le mélange remplissant le cylindre à chaque course du piston était enflammé à l'instant voulu par une étincelle électrique de haute tension provenant d'une bobine d'induction de Ruhmkorff recevant son courant de deux éléments Bunsen. C'est à ce système si simple et si puissant à la fois qu'on revint en 1900, après qu'on eut été lassé des déboires continuels auxquels on était sujet avec les procédés allemands d'inflammation à l'aide de flamme transportée par un tiroir tournant ou de tubes de porcelaine qu'un brûleur spécial portait à l'incandescence. Ce dernier système avait été appliqué aux premiers moteurs Daimler et à ceux qui suivirent, mais on ne tarda pas à reconnaître ses défauts et il fut abandonné pour retourner à l'électricité d'induction. Le courant primaire était toujours demandé à une batterie de piles ou d'accumulateurs transformé en cou-

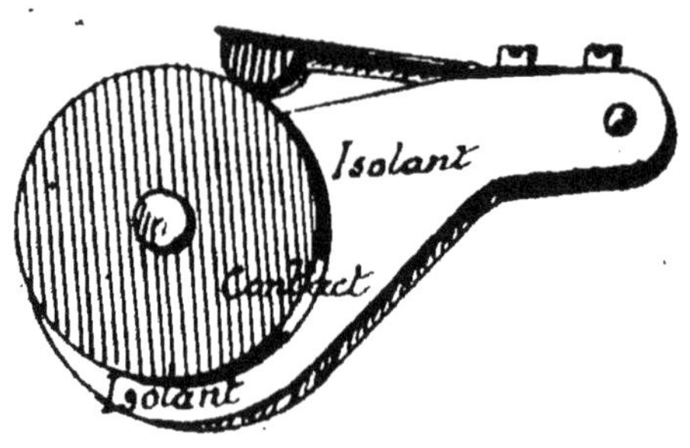

Fig. 11. — Allumage par vibreur.

rant induit de haute tension par son passage dans les enroulements d'une bobine et distribué à l'instant voulu à l'inflammateur ou *bougie d'allumage* par le jeu d'une distribution à came fermant le circuit sur la bobine. Notre dessin fig. 11 représente la disposition donnée aux distributeurs de moteurs monocylindriques de Dion-Bouton et analogues, de 1898 à 1905.

Allumage par magnétos

Une machine magnéto-électrique se distingue d'une dynamo par ce fait que le *champ magnétique*, indispensable pour la production des phénomènes de l'induction, est produit par des aimants permanents, tandis que, dans les dynamos, c'est à un électro-aimant qu'il est fait appel. Il n'est plus fait usage, pour les moteurs d'autos, que de magnétos, montées sur le carter même, et commandées par une transmission spéciale à courroie ou à engrenages. Dans certains modèles, au lieu de communiquer un mouvement

FIG. 12. — Magnéto de Lavalette (face).

de rotation continu à l'*induit,* ou organe placé dans le champ magnétique créé par les pôles de l'aimant, on fait appel à un dispositif de déclenchement faisant osciller rapidement cet induit, ou à un *volet* de fer demi-tubulaire occupant le vide ou *entrefer* entre l'induit et l'aimant. On obtient ainsi le courant de haute tension nécessaire à la production de l'étincelle d'inflammation. (fig. 12.)

On a fait d'abord usage de magnétos rotatives ne donnant qu'un courant de basse tension et nécessitant par suite la présence d'un transformateur. L'étincelle était obtenue par une rupture du circuit constituée par la masse utilisée comme conducteur de route. Chaque cylindre était pourvu d'un contact isolé intérieur appelé *tampon* sur lequel venait s'appuyer un taquet animé d'un mouvement alternatif ayant pour but de l'écarter de quelques millimètres du tampon. La magnéto envoyait à intervalles réguliers, combinés avec les mouvements du piston, des émissions de courant, au moment où le taquet s'écartait du tampon isolé. Une étincelle jaillissait entre les deux pièces et déterminait l'inflammation par *rupture* entre les deux pièces constituant le rupteur.

Magnétos système de Lavalette

Il existe plusieurs types de ce système, l'un des premiers en date et qui donne la meilleure solution du problème et le plus haut rendement. L'un est spécial pour moteurs mono et bi-cylindres, l'autre pour moteurs à quatre et six cylindres d'une puissance de 2 à 3 chevaux par cylindre. Ces magnétos sont à haute tension directe et blindées. Leur système de rupture, parfaitement étudié, assure l'allumage dans chaque cylindre avec une rigoureuse précision, même aux plus grandes vitesses, sans vibrer ni cracher, ce qui assure une marche sans un raté et la conservation très appréciable des contacts en platine.

Le rendement des magnétos de Lavalette est très élevé, notamment aux faibles vitesses (au ralenti). Il résulte de la présence d'un dispositif particulier dit *retard renforcé* qui permet d'obtenir au départ des étincelles aussi chaudes qu'en pleine marche, assurant ainsi le démarrage au quart de tour dans un 4 cylindres et des reprises très régulières.

Le courant primaire, source de l'énergie, est obtenu par la rotation d'une bobine induite dans le champ magnétique créé par de forts aimants permanents. Cette bobine en forme de double T porte deux enroulements superposés, l'un à gros fil, ou primaire, l'autre en fil fin, dit secondaire. Une extrémité du primaire est fixée sur la masse du noyau de fer, l'autre est reliée à l'*enclume* du plateau de rupture. Le secondaire a une de ses extrémités à la masse et l'autre aboutit au *collecteur*. Le plateau de rupture se compose d'une borne isolée électriquement : l'enclume, qui porte la vis platinée réglable et tourne avec l'induit, puis d'un levier coudé oscillant appelé *marteau de rupture*, portant à l'une de ses extrémités la seconde vis platinée et à l'autre un talon en fibre. Un ressort plat, relié électriquement à la masse, tend à maintenir le contact avec la vis platinée

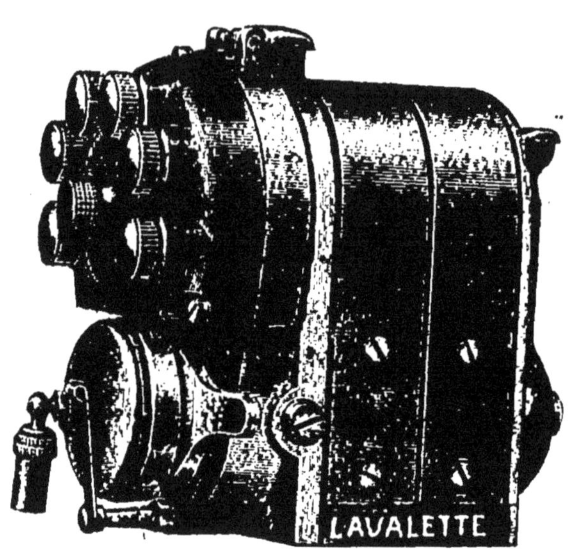

FIG. 13. — Magnéto pour moteur à 4 cylindres.

du marteau et celle de l'enclume, mettant ainsi l'enroulement primaire en court-circuit. Une vis centrale, isolée de la masse, assure la liaison entre l'extrémité du primaire et l'enclume du plateau de rupture; elle sert en même temps à la fixation de ce dernier sur l'axe de l'induit.

L'autre pièce du dispositif, le *carter de rupture*, porte simplement deux cames placées exactement à 80° l'une de l'autre. Au moment voulu, le talon de fibre du marteau de rupture vient buter sur ces cames, provoquant ainsi la rupture du circuit primaire et l'étincelle en résultant. Le courant de haute tension produit dans le secondaire aboutit à une bague en cuivre fortement isolée et dite *collecteur*. Un frotteur en charbon

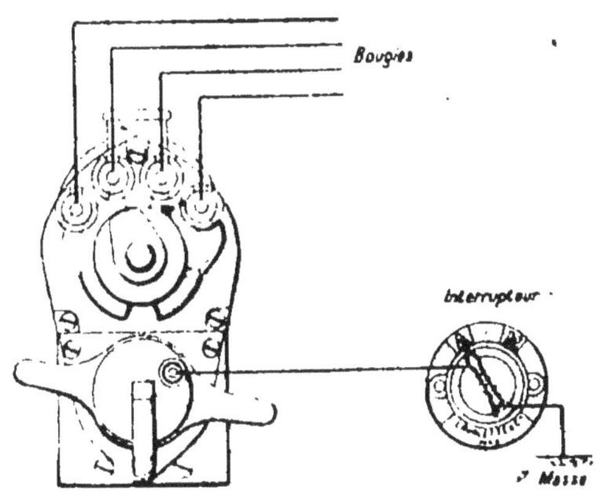

FIG. 14. — Agencement des connexions dans une magnéto d'allumage.

recueille le courant et le conduit à un *doigt* de distribution à l'aide d'un second frotteur horizontal. Ce doigt est entraîné dans le mouvement de rotation à la demi-vitesse de l'induit et détermine par son contact l'instant de la fermeture du circuit et du jaillissement de l'étincelle.

LES BOUGIES D'ALLUMAGE

Ces bougies, qui se vissent sur une partie taraudée ménagée au fond ou sur le côté de la l'inflammation du mélange gazeux dans cette chambre. Il existe de nombreux modèles de bougies, tous plus parfaits comme construction et plus pratiques les uns que les autres, à en croire les fabricants; aussi, pour ne contrister personne, ne donnerons-nous ici aucun nom pour ne pas être obligé, par esprit d'équité, de les nommer tous.

Une bougie d'allumage (fig. 15), se compose ordinairement d'une monture métallique portant exérieurement à son extrémité inférieure un pas de vis destiné à s'engager dans le taraudage dont nous venons de parler; l'opération du serrage est facilitée par la présence d'un six pans à embase cylindrique entourant la monture. Dans le vide intérieur de celle-ci, et maintenu par du ciment, se trouve placé concentriquement un tube en porcelaine émaillée ou formé d'une série de rondelles de mica superposées ayant pour effet de protéger du contact du métal extérieur une tige de cuivre centrale, dépassant de quelques millimètres le tube de porcelaine, tandis que l'autre traverse un chapeau cylindrique ou à six pans, et se termine

Fig. 15.
Bougie d'allumage.

par une borne ou une partie filetée recevant une vis de pression servant à fixer l'extrémité du fil venant de la magnéto ou du distributeur du courant.

L'AVANCE A L'ALLUMAGE

L'inflammation de la cylindrée de mélange tonnant n'est pas instantanée, et lorsque le moteur tourne très vite, elle pourrait n'être que partielle ou même ne pas avoir lieu sans des précautions spéciales. Si l'on veut que l'effet utile se produise sur le piston avec le maximum d'efficacité, il faut allumer le mélange d'autant plus tôt par rapport aux positions successives du piston que le moteur tourne plus vite. Cet effet est réalisé en déplaçant le distributeur ou le champ magnétique maximum dans les magnétos, à l'aide d'une manette. On fait ainsi varier suivant le besoin le moment de l'allumage qui s'opère plus ou moins avant la fin de la course de compression du piston dans le cylindre.

SEPTIÈME LEÇON

Les carburateurs

Rôle et utilité du carburateur

Dans tout mécanisme destiné à fournir de l'énergie sous forme de mouvement, autrement dit dans tout moteur thermique, on distingue deux parties qui sont le *générateur* et le *moteur*: la chaudière et le piston dans la machine à vapeur, le *carburateur* et les cylindres dans le moteur à explosion. Lorsqu'à la température ambiante on sature l'air d'essence volatile ou d'hydrocarbures liquides de densité inférieure à 720°, il se forme, quand la proportion d'air est bien établie, un mélange explosif que l'on peut faire détoner dans un cylindre sous un piston qui transforme cette expansion subite des gaz à haute température en mouvement mécanique. Ce mélange d'air et de vapeurs combustibles doit être aussi homogène que possible et présenter la même composition, et c'est pourquoi on a abandonné les systèmes imparfaits de carburateur du début, dits à *barbotage* ou *à léchage*, avec lesquels la teneur du mélange variait à tout instant selon l'état de l'air, la hauteur de l'essence dans le récipient, etc. On ne fait plus usage, depuis que ce fait important a été remarqué, que de carburateurs à distribution où la quantité de liquide est distribuée d'une façon dosimétrique, et surtout de ceux *à pulvérisation* de l'essence dans un courant d'air.

Divers systèmes de carburateurs

Les carburateurs actuellement en service sont tous à *niveau constant,* disposition de première importance pour le but à atteindre, car elle permet de maintenir toujours la même quantité de liquide carburant en contact avec le même volume d'air représentant la cylindrée aspirée par le piston et d'assurer ainsi la proportionnalité entre les deux éléments : le combustible et le carburant. A chaque aspiration, une dépression se produit à l'intérieur de la chambre du carburateur, ce qui fait descendre un flotteur et affluer l'essence par le mouvement imprimé par le flotteur à un pointeau mobile dans le sens vertical. Entre chaque aspiration, le pointeau ferme le canal d'arrivée du liquide venant d'un réservoir placé en charge, ou dans lequel l'essence est mise sous pression à l'aide d'une pompe à air mue à la main. L'essence est projetée au-dessus d'un petit champignon conique creusé d'un certain nombre de rainures et appelé *gicleur*. Le courant d'air arrivant par une tubulure sur le côté arrive perpendiculairement à la direction de l'essence. Dans le type de carburateur de Longuemare, la proportion d'air et de gaz d'essence est réglée par tâtonnement à l'aide d'un robinet dont le boisseau est percé de fenêtres latérales que l'on démasque plus ou moins à volonté en produisant un mélange plus ou moins riche en vapeurs combustibles.

Cette disposition a été perfectionnée dans les modèles suivants de manière à rendre l'opération automatique; on a ajouté un réchauffeur par prise d'air chaud sur le moteur et un *étrangleur* permettant de faire varier l'admission au cylindre et comportant un papillon intérieur obturant plus ou moins le tuyau d'aspiration; on est ainsi parvenu à réaliser une carburation parfaite et à utiliser les moindres parties volatiles de l'hydrocarbure sans perte sensible par évaporation.

L'essence de pétrole consommée par les moteurs d'autos a une densité variant entre 650 et

710. Le prix de ce carburant étant très élevé, on conçoit qu'il est de première nécessité de l'économiser le mieux possible, car malgré tout, on ne sait utiliser qu'une fraction infime de l'énergie contenue dans l'hydrocarbure, ainsi que M. Lacoin l'a montré. Voici, en effet, le rapport entre le travail utile et la dépense de liquide :

Travail utile	Cent. cub. d'es.	Kilogram.
Résistance au roulement............	104	338.853
Résistance de l'air..................	91	295.000
Total....	195	633.583

Travail inutile

Chaleur perdue dans l'échappement.	563	1.831.240
Travail imparfait des gaz...........	45	146.200
Pertes mécaniques du moteur......	90	291.740
Pertes dans la transmission........	28	93.637
Pertes d'essence en nature.........	78	235.600
Total..........	805	2.598.417

Ainsi, sur un total de 3 millions 232.000 kilogrammètres, près de deux millions — exactement 1 million 964.834 sont entièrement perdus, enlevés par l'eau de réfrigération et en pertes passives diverses. Sur 1.000 centimètres cubes d'essence, 195 seulement, soit le cinquième, sont réellement utilisés pour la progression de la voiture; les quatre cinquièmes restant, soit 4 litres sur un bidon de 5 litres, sont inutilement gaspillés. Il y a, comme on voit, un très sérieux effort à faire pour rendre vraiment économique le moteur à explosions, et l'on comprend que l'on s'évertue à chercher un carburant moins coûteux que l'essence ou le benzol.

Carburateur « Zénith » (Série normale)

L'un des plus remarquables systèmes de carburateurs qui ait été imaginé au cours de ces dernières années est celui de Baverey, construit par la Société *Zénith*, de Lyon. C'est, peut-on dire, le prototype des carburateurs automatiques par réglage sur l'essence et sans aucune pièce mobile.

Nous avons dit plus haut que le principe des carburateurs modernes réside dans la projection d'un filet d'essence dans la tubulure d'aspiration. Comme les deux fluides, air et essence ne modifient pas parallèlement leur vitesse d'écoulement sous l'effet des dépressions qui peuvent être plus ou moins accentuées, on constate dans ce cas un excès d'essence aux grandes vitesses et une insuffisance marquée au ralenti.

Le problème a donc consisté à déterminer un deuxième ajutage compensateur dont les conditions soient telles que la courbe des débits essence-air soit inverse de l'ajutage principal. Si cette condition se trouve réalisée et que les deux ajutages fonctionnent simultanément, ils se compléteront en se corrigeant mutuellement; quand l'un débitera trop, l'autre ne débitera pas assez et *vice-versa*. La compensation sera par-

FIG. 16. — Vue du carburateur « Zénith ».

faite, et c'est ce que prouve la pratique car, en effet, un ajutage à débit constant fournit, par cylindrée du moteur, d'autant moins d'essence que celui-ci tourne plus vite. Nos schémas montrent comment ce programme est réalisé dans le modèle Zénith. A un jet G du type ordinaire puisant directement son essence dans un récipient à niveau constant V, est adjoint un jet de compensation I, dit, pour cette raison, *compensateur*. Cet organe additionnel, placé à une distance invariable au-dessous du niveau et débitant l'essence dans une pipe ouverte à

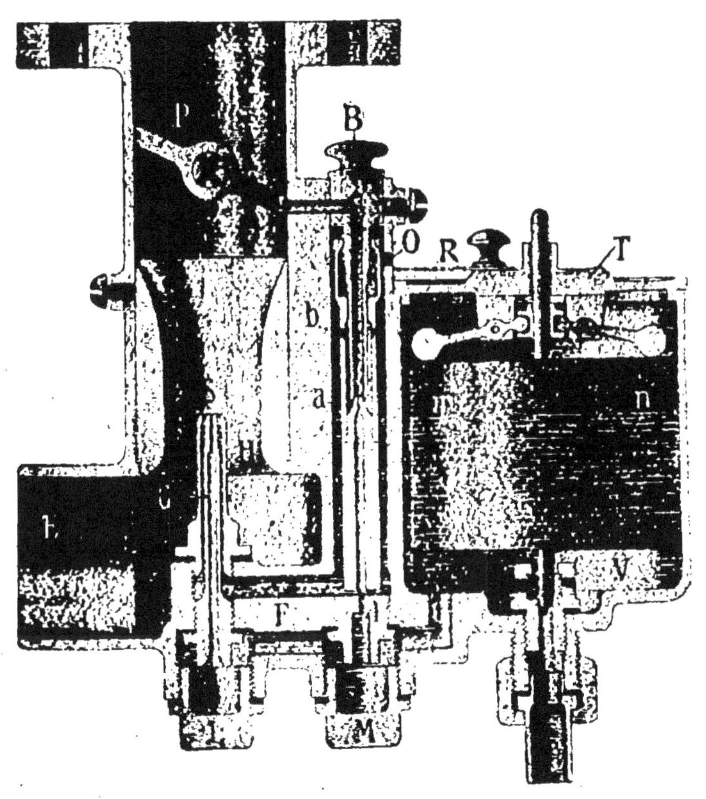

FIG. 17. — Coupe du carburateur « Zénith ».

l'air libre, fournit par suite une quantité de liquide constante par unité de temps.

L'essence qui tombe dans le puits J est reprise par un tube H dont l'extrémité vient déboucher au même niveau que celle du jet G. La section de J étant beaucoup plus grande que H, il en résulte que les variations de pression dans le carburateur sont sans influence sur le débit de l'orifice calibré I et que celui-ci continue à remplir le rôle auquel il est destiné. Cet agencement assure au moteur une alimentation parfaite quelles que soient les variations de la charge extérieure et suivant les divers régimes. Mais au ralenti, à vide, le papillon étant presque fermé, la dépression est très réduite au niveau des jets, et ceux-ci ne débitent presque pas d'essence, tandis que cette dépression est considérable. En raison de l'extrême rapidité du courant d'air en cet endroit, l'essence se trouve rapidement entraînée et vaporisée, mais en réalité ce n'est pas de l'essence pure qui parvient à l'orifice. mais bien plutôt une émulsion exactement dosée dans ses proportions.

Le carburateur *Zénith* est à corps vertical ou horizontal comme tous les carburateurs à pulvérisation. L'orifice des gaz mesure de 22 à 48 millimètres de diamètre selon que l'appareil est destiné à des moteurs plus ou moins puissants. Il se construit double pour l'alimentation de moteur à six et huit cylindres.

AUTRES SYSTÈMES MODERNES

Signalons encore, parmi les modèles récents ayant montré de réelles qualités de bon fonctionnement et d'économie, les carburateurs *Solex*, de Goudard et Menesson et de Claudel, à gicleur automatique et à injection d'air, pouvant s'accommoder des carburants les plus divers : essence, benzol, alcool, à la seule condition d'approprier le réchauffage au liquide employé. On peut donc affirmer que le moteur d'automobile dispose aujourd'hui d'alimentateurs aussi parfaits qu'on peut les espérer.

HUITIÈME LEÇON

Les transmissions

L'ANIMAL AUTOMOBILE

On peut comparer l'automobile à un animal vivant, à un quadrupède quelconque, car on retrouve dans son agencement, bien que sous une forme entièrement différente, tous les organes d'un mammifère. Comme ceux-ci, l'automobile possède un squelette, des membres, un cœur, un estomac, des muscles et un système nerveux. Le squelette, c'est son châssis formant charpente et sur lequel s'articulent les membres qui sont les roues assurant la progression. L'estomac, c'est le carburateur qui prépare la nourriture assimilable, et le cœur, c'est le moteur à explosions. Les muscles de l'automobile sont ses organes de transmission, et son système nerveux réside dans ses divers circuits électriques de commande. On voit combien ce produit du génie humain présente de similitude avec l'animal vivant, dont il remplace la circulation sanguine par une circulation compliquée d'essence, d'eau et d'huile. Et le cerveau commandant cette bête mécanique si obéissante et si souple est un cerveau humain. c'est celui du conducteur qui, en agissant sur une manette ou une pédale, détermine tous les mouvements du pégase d'acier.

Nous avons décrit le cœur et l'estomac du cheval du XXe siècle, maintenant nous allons nous occuper de son système musculaire puis de ses membres, c'est-à-dire de la transmission du mouvement du moteur aux roues, puis de ces roues elles-mêmes avec leurs modérateurs, c'est-à-dire les freins.

Le chassis

La charpente d'une voiture automobile comporte avant tout un *châssis* sur lequel s'installent la partie mécanique et la carrosserie, le moteur avec ses accessoires, la pompe de circulation d'eau et le radiateur, les réservoirs d'essence et d'eau, puis la caisse avec les sièges sur lesquels les voyageurs prennent place. Ce châssis est supporté, par l'intermédiaire de ressorts élastiques de suspension, sur quatre roues reposant sur le sol; deux de ces roues, celles d'avant sont directrices, celles d'arrière étant motrices et assurant seules la progession.

Le moteur à explosions, pour fournir un rendement avantageux, doit constamment tourner à la vitesse de régime que lui a imposée son constructeur. Mais le véhicule qui le porte ne roule pas avec une vitesse uniforme, son allure résultant du profil de la route parcourue, de l'état du sol et de nombre d'autres conditions. Il en résulte que, si l'effort demandé à la machine dépasse une certaine valeur, celle-ci ralentit de plus en plus son mouvement et finit par *caler* et s'arrêter net. Il n'y a qu'un seul moyen de corriger cet inconvénient et de proportionner le travail moteur à l'effort à vaincre: c'est d'interposer entre le moteur et les roues un mécanisme tel que cette condition se trouve remplie: ce mécanisme est la ***boîte de changement de vitesse.***

TRANSMISSIONS D'UNE AUTO

Le système de transmission varie selon le genre de véhicule. Pour les motocyclettes et cyclecars, on emploie la courroie de cuir ou de caoutchouc ou encore la chaîne rigide à rouleaux; cette dernière est toujours usitée pour les camions de poids lourd n'ayant jamais qu'une vitesse maximum peu élevée. Pour les voitures de tourisme et de transport en commun, autobus, etc., le moyen de transmission le plus usité est le double train d'engrenages d'angle relié par un arbre tournant mû d'articulations *à la cardan*.

Ainsi donc, une transmission d'auto comporte les pièces suivantes :

En premier lieu, l'*embrayage-débrayage* dont le but est de relier ou de disjoindre à volonté le moteur du reste du mécanisme, quelque chose comme un attelage instantané. Il permet de laisser tourner le moteur la voiture étant arrêtée.

Ensuite, la *boîte de changement de vitesse*, reliée d'une part à l'embrayage et de l'autre à l'arbre à cardans ou aux pignons de chaînes d'entraînement.

Enfin l'arbre des roues, ou essieu moteur avec le *différentiel*.

Nous allons dire quelques mots de ces différents organes.

L'Embrayage

Cette pièce, interposée entre le volant du moteur et la boîte de changement de vitesse, est composée d'un cône recouvert de cuir venant se loger dans une cavité présentant le même profil en creux, ménagée dans la masse du volant. Cette cavité est le cône *femelle*, l'autre est le *mâle*, qui est entouré, disons-nous, d'une garniture de cuir destinée à adoucir la mise en prise et lé démarrage. On fait également usage

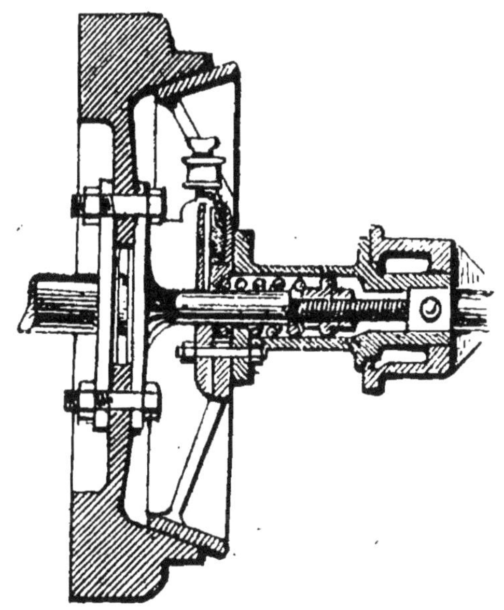

FIG. 18. — Embrayage (coupe).

d'embrayages entièrement métalliques présentant des dispositions variées (fig. 18).

Dans les voitures Renault, l'embrayage est formé de deux pièces demeurant fortement appliquées l'une sur l'autre au repos. L'une de ces pièces est un volant de forme tronçonique monté sur un arbre sortant de la boîte des vitesses, arbre qui peut coulisser de façon à donner au cône un jeu suffisant pour pouvoir s'écarter de l'autre pièce : le disque massif du volant dans lequel il se trouve serré par la pression d'un fort ressort à boudin. Pour séparer ces pièces l'une de l'autre, quand les engrenages de la boîte de vitesse sont en prise, il faut appuyer sur une pédale spéciale.

Le système d'embrayage appliqué dans les voitures Rochet-Schneider se compose d'un volant pouvant se déplacer le long d'un arbre carré sur lequel supporte un cardan relié à l'arbre de la boîte de vitesses. La commande de ce mécanisme est assurée par le jeu d'une pédale fixée à l'une des extrémités d'un levier lié de l'autre bout à une tige supportant une fourchette qui permet de déplacer le cône de droite à gauche et de supprimer ainsi l'action du ressort tendant à le faire adhérer à la surface intérieure du volant d'entraînement.

L'embrayage des voitures de Dion-Bouton est entièrement métallique. De forts ressorts de pression pincent entre deux plateaux solidaires de l'arbre du moteur, et dont l'un peut coulisser suivant l'axe, un troisième plateau, solidaire celui-là de l'arbre sortant de la boîte de vitesses. La voiture étant entraînée, pour que la pression se trouve uniformément répartie sur la surface des plateaux, les ressorts sont assez rapprochés et disposés sur la périphérie; quand leur action vient à être annulée, le débrayage est opéré. Pour rompre la solidarité entre les trois plateaux, on opère une traction vers la droite du plateau central, pour l'écarter des deux autres, et c'est cet effort qui détermine le débrayage.

La boite de changement de vitessé

Dans les véhicules de la marque dont nous parlons, la boîte placée à la suite de l'embrayage comporte trois rapports de vitesse différents et un dispositif pour marche arrière. Elle a donc trois arbres : le *primaire* et le *secondaire* disposés dans le prolongement l'un de l'autre et réunis par un arbre intermédiaire. L'arbre primaire porte un pignon qui est en prise constante avec une autre roue dentée fixée sur l'arbre *intermédiaire*. Celui-ci porte des roues en rapport avec d'autres engrenages solidaires d'un *pignon baladeur* coulissant sur les cannelures de l'arbre secondaire.

L'engrènement de la première paire de pignons donne une première vitesse; celui de la deuxième paire la deuxième vitesse; enfin, quand le baladeur est arrivé à fin de course vers la gauche, il accouple directement l'arbre primaire à l'arbre secondaire à l'aide d'un crabot. C'est la *prise directe,* pendant laquelle l'appareil de changement de vitesse ne sert que de palier à la transmission. Enfin, *la marche arrière* est obtenue par l'engrènement du pignon du baladeur avec un pignon intermédiaire dont l'axe est entraîné par un autre pignon toujours en prise avec celui de l'arbre intermédiaire. Cette interversion d'engrenages renverse le sens de rotation de l'essieu. Les déplacements du baladeur sont obtenus par une fourchette actionnée au moyen d'un levier solidaire de l'axe du levier à main, fourchette qui peut être immobilisée dans ses diverses positions par un arrêtoir à crans. L'accouplement de cet appareil au *pont arrière* est assuré par une pièce hexagonale portée par l'arbre de commande du différentiel. Cette pièce vient s'engager dans une tête solidaire de l'axe secondaire; les pans sont cylindriques afin de pouvoir se prêter aux déplacements du pont arrière par rapport au châssis quand les ressorts fléchissent.

La boîte de vitesses des voitures 24-30 chevaux Delaunay-Belleville possède un train baladeur à denture hélicoïdale qui, à fond de course, vient s'arrêter contre le collet de l'arbre secondaire à la fin des cannelures. On réalise, grâce à cette disposition, ainsi qu'à la présence d'une cloison médiane, une atténuation très sensible du bruit des engrenages quelle que soit la vitesse qui se trouve en prise, ce qui est un avantage à considérer, car il contribue à donner à la voiture une marche absolument silencieuse.

Pont arrière et différentiel

On désigne sous l'appellation de *pont arrière* la partie arrière du châssis supportant l'essieu moteur. Dans les châssis Renault, l'arbre de transmission à deux joints de cardan est enfermé dans un tube qui porte à l'avant une sphère s'articulant dans un support boulonné sur une traverse très rigide du châssis. Il forme donc bielle de réaction et de poussée. Il attaque à l'arrière l'arbre portant le pignon conique de la commande du différentiel. Ce pignon est hélicoïdal comme dans le changement de vitesse Delaunay-Belleville, afin d'éviter le bruit. Le *différentiel* dont le but est de rendre chaque roue indépendante dans les virages sans empêcher l'essieu de les commander, comporte quatre pignons satellites et des butées à billes pour résister à la poussée du couple des pignons d'attaque. Le corps d'essieu est une poutre en acier forgé d'une seule pièce, dont la forme est calculée pour résister aux plus grands efforts de flexion. Les bras sont creux et traversés par les arbres de commande du mouvement des roues, lesquels sont montés sur des roulements à billes très doux.

Le différentiel est un organe assez délicat, mais dont on ne saurait se passer dans les véhicules à quatre roues; c'est un peu pourquoi on l'a supprimé dans les voitures légères dénommées *cyclecars* qui n'ont que trois roues, dont l'une, motrice, placée à l'arrière comme dans les anciens *tricars*. Nous examinerons d'ailleurs ces modèles d'automobiles légères dans une leçon ultérieure.

NEUVIÈME LEÇON

Les roues, les bandages, les essieux

LES ESSIEUX D'AUTOMOBILES

Une voiture automobile comporte deux essieux, celui d'avant qui sert à supporter le châssis avec le mécanisme et la carrosserie, et celui d'arrière qui reçoit l'effort du moteur et assure le déplacement. L'essieu d'avant est à fusées lisses, du système dit *patent à huile,* avec roulements à billes; il est en fer et non en acier doux qui résiste moins bien aux chocs et vibrations répétés auxquels il est soumis. Les moyeux sont à rayons tangents et entièrement métalliques, ou genre artillerie pour rayons et jantes en bois. On fait également usage de roues pleines, faites d'un disque en tôle épaisse obtenu par estampage, et plus ou moins convexe d'un côté et concave de l'autre. Dans les roues de bois, les flasques enserrant les rais sont concaves, de manière à s'opposer à tout déplacement des hérissons à l'intérieur des moyeux; les boulons de serrage travaillent ainsi uniquement à la traction.

Ce qui différencie l'essieu d'avant-train d'une auto de celui d'une voiture attelée ordinaire, c'est que la barre est fixe et ne comporte pas de cheville ouvrière centrale. Il y a deux pivots, un à chaque extrémité, autour duquel peut individuellement tourner chaque roue. Cette dispo-

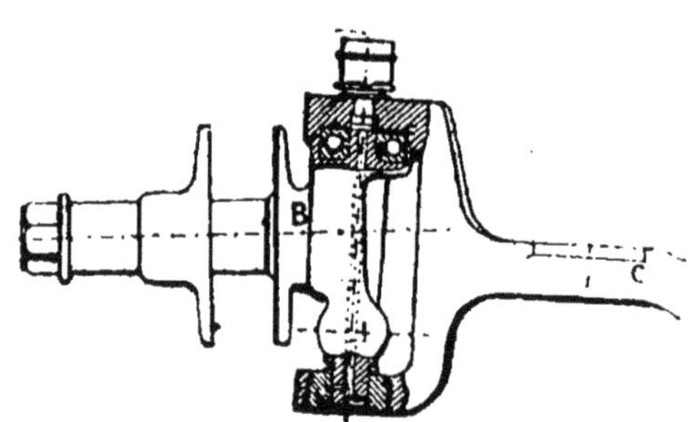

FIG. 19. — Essieu d'avant.

sition permet de réaliser un braquage sous un angle accentué, de manière à faire tourner le véhicule dans un court rayon sans qu'il soit nécessaire de pratiquer d'entaille dans le châssis pour leur passage; celui-ci est simplement retreint à l'avant.

Les pivots sont munis de coussinets à billes diminuant le frottement; les voitures se faisant souvent assez basses sur roues, les barres d'essieu d'avant sont cintrées pour surbaisser les patins sur lesquels les ressorts sont fixés. Tout porte-à-faux est supprimé et les roues directrices peuvent pivoter dans un plan passant par l'axe des pneus grâce à un dispositif où l'axe d'articulation est à l'intérieur du moyeu dans l'axe même de l'enrayage; une rangée de billes reçoit la charge qui se trouve ainsi régulièrement répartie.

L'essieu d'arrière tournant sur son axe, tout en étant porteur comme celui d'avant, est composé de deux tronçons égaux réunis par les engrenages d'angle du différentiel, engrenages qui communiquent ensemble par un certain nombre de pignons satellites de même pas. Les fusées tournent dans les coussinets à billes et elles sont très renforcées, ainsi que le corps de l'essieu pour résister aux efforts du moteur. Dans la plupart des modèles récents de voitures, l'essieu avant est en acier forgé d'une seule pièce, du type dit à *chapes fermées,* c'est-à-dire que celles-ci sont solidaires des fusées. Les faux-moyeux recevant des roues détachables tournent sur des roulements à billes ne différant en rien de ceux des roues d'avant.

Suspension des carrosseries

Les automobiles étant des véhicules de vitesse, on conçoit qu'il ne saurait être question de fixer directement les roues et la caisse au châssis comme un chariot ou un tombereau. Le problème de la suspension est donc de première importance, mais il est très complexe et difficile à résoudre. Dans les débuts, les ressorts pour autos étaient exactement semblables à ceux des voitures attelées, mais on ne tarda pas à s'apercevoir de leur insuffisance. Si l'on prenait des lames trop rigides, la situation des voyageurs devenait rapidement intenable; si l'on choisissait des ressorts très flexibles, on risquait des déformations permanentes ainsi que le coup de raquette du choc en retour et le martèlement des longerons du châssis sur les essieux. Pour parer à ces divers inconvénients et réaliser une flexibilité moyenne appropriée au poids de chaque carrosserie, on recourut à l'emploi de jumelles élastiques et à l'interposition d'un organe flexible entre le ressort et la *main* d'attache, de façon à accroître l'élasticité.

Dans les châssis Renault, les ressorts avant sont souples, très longs, à faible flèche et situés exactement sous le châssis. Les ressorts arrière sont des *cantilever* obliques, dont l'extrémité avant roule sur des galets concaves. Les avant roule sur des galets concaves dont les supports sont attachés sous la traverse de poussée du châssis. Ils sont montés, dans leur partie médiane, sur des patins oscillants, lesquels sont reliés au châssis par des supports. Sur le pont arrière, enfin, ils se déplacent sur des rouleaux semblables à ceux de l'avant, dont les axes ont été très rapprochés des roues afin d'obtenir plus de douceur dans la suspension. Deux tirants parallèles aux ressorts, fixés d'une part sur le corps d'essieu et d'autre part sur le support de la sphère de poussée, maintiennent le pont arrière dans une position normale relativement au châssis.

La flexibilité des ressorts d'autos doit être proportionnée à la charge supportée sur l'avant et l'arrière du châssis, à la vitesse moyenne du véhicule et à la nature de la charge transportée. Ainsi, pour les voitures légères jusqu'à 600 kilos, le ressort avant doit mesurer 23 à 25 millimètres par 100 kilos et par ressort. Celui d'avant mesurera 25 à 30 millimètres dans les mêmes conditions.

Il convient d'observer toutefois que le ressort à lames d'acier, parfait pour la voiture attelée, devient, avec les huit ou dix oscillations qu'il peut seulement donner par seconde, tout à fait insuffisant pour l'automobile qui atteint de 15 à 30 mètres pendant ce temps. Dans l'impossibilité où il est d'absorber toutes les secousses, les roues motrices tournant par instant dans le vide acquièrent de la vitesse, puis reprenant brusquement contact avec le sol, elles frottent contre sa surface, ce qui détermine l'usure rapide des bandages et la détérioration de la route. C'est pour éviter ces fâcheux effets que l'on a imaginé les *amortisseurs,* qui absorbent les chocs car ils peuvent donner jusqu'à 20 et 30 oscillations à la seconde, suivant la vitesse de marche et l'état du terrain. Les roues auxquelles de semblables accessoires sont adjoints demeurent constamment adhérentes au sol et en épousent les moindres aspérités dont l'inégalité n'est plus transmise à la caisse.

Il y a avantage, surtout pour les voitures rapides, à employer des ressorts longs. ils sont plus souples, moins cassants et peuvent supporter de plus grandes flexions. Ils doivent présenter une certaine largeur, car ils donnent davantage de stabilité transversale au véhicule. Il faut tenir compte, en effet, que dans les virages, les lames travaillent à la torsion et subissent de ce fait de grands efforts. C'est pourquoi on recommande pour cette application l'acier mangano-silicieux, extrêmement dur et tenace qui résiste sans inconvénient à des flexions supérieures de 20 à 25 0/0 à ce qui peut être subi par le meilleur acier Martin.

Les roues

Ainsi que nous l'avons dit un peu plus haut, il est fait usage de trois genres différents de roues pour les autos, et le choix est déterminé par le poids du véhicule en charge : on emploie les roues à moyeux métalliques et à rayons tangents en fil d'acier pour les motos, side-cars, cyclecars et voiturettes et les roues de bois avec moyeux en bronze ou en acier pour les poids lourds. Les roues-disques en tôle pleine sont également très en faveur pour les voitures de ville et de tourisme et les camionnettes. Ces roues sont ordinairement détachables et interchangeables et leur diamètre est de 65 à 75 centimètres avec une jante proportionnée pour recevoir un bandage de dimensions en rapport avec le poids à supporter. Elles sont toutes les quatre de même diamètre.

Il n'est pas inutile de faire remarquer que les quatre roues d'une voiture doivent présenter un parallélisme parfait. On comprend en effet que, si l'une des roues n'était pas rigoureusement parallèle à la direction suivie, elle travaillerait obliquement, en cône, au lieu de rouler comme un cylindre, et il en résulterait une friction considérable amenant une rapide destruction du bandage. C'est pourquoi il est utile de vérifier de temps à autre si ce parallélisme est bien conservé, car un choc violent peut avoir faussé une fusée ou *voilé* une jante et détruit l'harmonie du roulement.

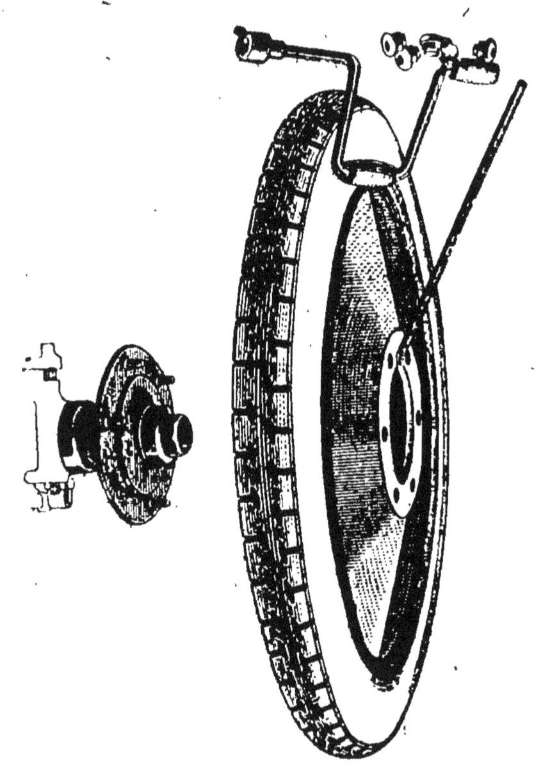

Fig. 21. — Roue de secours à voile plein.

Une automobile moderne possède toujours une roue supplémentaire attachée soit sur le côté, soit à l'arrière du véhicule et prête à être mise à la place d'une des roues en service en cas de détérioration, crevaison ou éclatement de pneumatique. La substitution s'opère en quelques instants, l'essieu étant momentanément soutenu par un cric et l'on remet la réparation du pneu au moment du retour au garage. Une auto comporte donc cinq roues et même sept si elle est montée avec des *jumelés*.

Les bandages

Autrefois, les jantes des roues étaient entourées de bandages appropriés à la nature du véhicule. Les *poids lourds* avaient des bandages en fer, ou mieux entourés de cercles en caoutchouc plein ou en *pavés* de caoutchouc démontables. Aujourd'hui, le bandage le plus usité est celui dit *pneumatique* à air comprimé, composé de deux parties : la *chambre à air*, tube annulaire en caoutchouc souple, et l'*enveloppe* également en gomme pure mais renforcée par de nombreuses épaisseurs de toiles noyées dans la masse. La chambre à air est munie d'une *valve* à clapet intérieur, serrée sur la jante par un écrou ordinaire, et par laquelle on introduit l'air devant la gonfler. L'enveloppe, de section circulaire, est pourvue de deux rebords ou *talons* s'engageant dans les *accrochages* ou gouttières creuses occupant la périphérie des deux faces de la jante. La dimension des pneus est en rapport avec le poids que les roues doivent supporter, leur durée étant, selon Michelon, inversement proportionnelle au cube du poids s'appuyant sur eux, et il a indiqué les dimensions correspondant à ce poids :

TABLEAU DES POIDS MAXIMUM A FAIRE PORTER PAR ESSIEU

aux pneus Michelin

1° Voitures de Tourisme

Section des pneus	Poids maximum à faire porter par essieu	Section des pneus	Poids maximum à faire porter par essieu
	kg.		kg.
65	400	815×120	1.100
80	550	120	1.200
90	800	135	1.600
105	900	150	1.800

2° Véhicules Poids Lourd (camionnettes et camions)

Montage en simple (avant) — Montage en jumelé (arrière)

Section des pneus	Poids maximum à faire porter par essieu	Section des pneus	Poids maximum à faire porter par essieu
	kg.		kg.
120	1.200	120	2.000
135	1.600	135	3.000
155	2.200	155	4.200
185	3.000	185	5.600

Pour simplifier les changements et réparations, on donne aux pneus comme aux roues des dimensions identiques, quel que soit leur emplacement, bien qu'on puisse se contenter de pneus moins forts à l'avant de la voiture, mais d'autre part, les roues étant interchangeables, on peut mettre à l'avant les pneus d'arrière à demi usés et à l'arrière ceux de l'avant dont l'usure est moindre pour un même nombre de kilomètres parcourus.

La pression de l'air à l'intérieur des chambres à air est proportionnelle à la dimension des pneus et au poids de la voiture. On peut se contenter de 2 kilogs à 2 kilogs 500 pour les pneus de motos légères 650×65, mais pour les poids lourds, il est nécessaire de pousser cette pression jusqu'à 4 et même 5 kilogs par centimètre carré. La pompe doit être munie d'un manomètre indiquant la pression atteinte et qu'il convient de ne pas dépasser, bien qu'il soit préférable, pour sa durée et pour la sécurité dans les virages, qu'un pneu soit gonflé à bloc plutôt qu'au-dessous du chiffre normal indiqué par le fabricant.

Pour les véhicules poids lourds, camionnettes et camions, à mesure que le poids du véhicule s'accrut, on ne put songer à augmenter indéfiniment la grosseur du pneu : Michelin, alors, imagina, pour conserver l'incomparable souplesse que donnent les bandages d'air comprimé, de jumeler à chaque roue AR deux

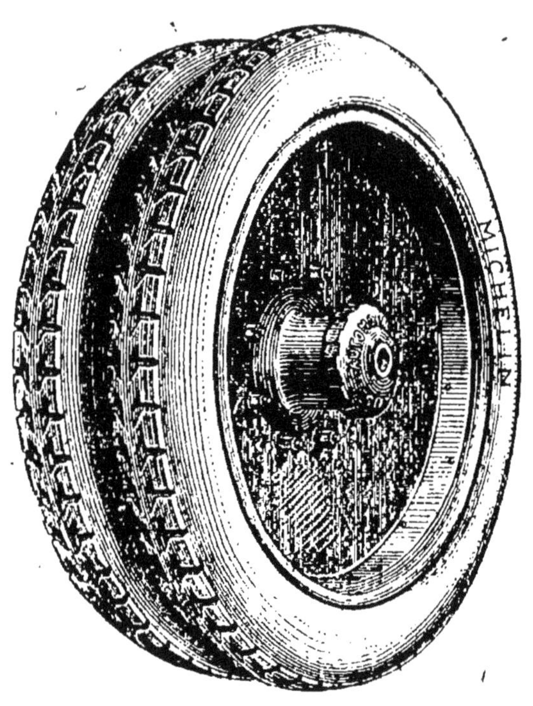

FIG. 20. — Pneu jumelé.

pneus. Ceux-ci peuvent alors supporter un poids double.

Dernièrement, de plus gros pneus furent encore créés : le 155 et le 185. Ce dernier permet de faire rouler 8 tonnes 1/2 sur pneumatiques.

DIXIÈME LEÇON

Les freins, la direction, l'éclairage

Nécessité des freins

Bien qu'en vertu des prescriptions du nouveau *Code de la route,* toutes les allures soient permises et qu'il n'y ait plus aucune limitation dans la vitesse autorisée des véhicules, les arrêtés municipaux étant par suite devenus caducs, il n'en est pas moins nécessaire, ne fût-ce que par simple mesure de prudence et de sécurité personnelle, de disposer des moyens nécessaires pour retarder l'impulsion du véhicule et l'arrêter au plus vite. L'arrêt instantané étant matériellement impossible, il faut au moins l'obtenir dans le parcours le plus restreint possible à l'aide de moyens appropriés. On n'anéantit pas, en effet, la puissance vive accumulée dans un mobile lancé rapidement et un arrêt instantané correspondrait à une chute d'une hauteur équivalente à la vitesse dont ce mobile est animé. Pour en donner une idée, supposons une voiture du poids d'une tonne avançant à raison de 100 kilomètres à l'heure ou 28 mètres par seconde. La puissance vive emmagasinée est de : 28 × 1.000 = 28.000 kilogrammètres, ou 373 chevaux-vapeur en une seconde. Ce chiffre montre qu'il est impossible d'absorber en une seconde une pareille quantité de travail, simplement par le frottement des bandages des roues sur le sol; il faudra au moins huit à dix secondes, pendant lesquelles l'automobile aura encore avancé de 150 à 200 mètres. On voit de suite quelle est l'importance du freinage pour les voitures très rapides.

Réglementairement, une auto doit posséder trois freins indépendants et capables d'assurer l'arrêt, sinon instantané, du moins sur la plus courte distance possible. De grandes améliorations ont d'ailleurs été apportées dans l'agencement de ces organes de première importance; aujourd'hui, il est possible de bloquer les quatre roues et d'arrêter dans un espace restreint, selon le poids de la voiture et sa vitesse à l'instant du freinage.

On distingue, parmi les systèmes en usage, les *freins de roues* à serrage intérieur, plus rarement à serrage extérieur, et les *freins de méca-*

nisme, ceux-ci à serrage extérieur, plus fréquemment qu'intérieur. Cette deuxième catégorie de freins se place sur le différentiel, sur le changement de vitesse ou sur l'embrayage. Certains d'entre eux sont pourvus d'une circulation d'eau de refroidissement, ce qui a son intérêt lorsqu'on circule en pays de montagnes et que le frein doit demeurer longtemps serré, ce qui cause un échauffement intense. La surface de la partie appliquée sur l'arbre à immobiliser est en fonte, en bronze, en cuir ou en poil de chameau selon les systèmes.

Le frein à serrage intérieur est préféré à l'autre parce qu'il est plus silencieux, mais il est moins puissant, car il n'offre pas une surface d'action aussi étendue, de plus, il craint l'huile et la graisse du moyeu pouvant le lubrifier et diminuer son adhérence. Il agit sur un palonnier différentiel équilibrant l'effort retardateur.

Le deuxième frein, qui peut venir en aide au premier, et même le remplacer, se manœuvre à l'aide d'un levier à main, l'autre étant commandé par une pédale. Enfin, le troisième est un frein, non à collier comme les précédents, mais à mâchoires et patins serrant des deux côtés la jante des roues par l'intermédiaire d'un flexible Bowden ou analogue. Mais de toute façon, ils agissent en déterminant une friction intense du pneu sur le sol, et c'est pourquoi un humoriste a considéré que le freinage intempestif et trop brutal s'exerçait autant sur le pneu que sur le porte-monnaie du chauffeur conducteur.

Mécanismes de direction.

Les roues directrices sont reliées à des pivots verticaux autour desquels elles peuvent tourner pour produire le braquage. Ce mouvement est

Fig. 22. — Direction à vis sans fin.

commandé par un volant d'assez grand diamètre à large jante de bois de section elliptique, calé sur l'extrémité d'une tige disposée dans un tube plus ou moins oblique, tige qui se termine à sa partie inférieure par une vis sans fin ou une vis tangente agissant, la première, directement sur une crémaillère, l'autre, sur un pignon ou un secteur denté. Ces derniers organes sont montés sur un axe terminé par une rotule emmanchée dans une boîte fixée sur une bielle d'attaque, et qui renferme à son autre extrémité une deuxième boîte dans laquelle se loge une deuxième rotule terminant la barre d'accouplement reliée aux pivots des roues. Ce système de commande, dit *direction irréversible,* a été appliqué pour la première fois en 1896 aux voitures Panhard; il a reçu depuis cette époque de nombreux perfectionnements de la part des constructeurs qui ont suivi.

Dans les voitures Peugeot, la rotule est maintenue en place par un ressort à boudin et elle est serrée entre deux douilles de bronze; ce dispositif facilite le rattrapage du jeu qui peut survenir à la longue entre les pièces. La barre qui relie les fusées à pivot est maintenue en place par un boulon muni d'un écrou, d'un contre-écrou et d'une goupille; elle est dissimulée sous l'essieu.

La douceur du mécanisme de direction dépend d'abord d'un montage parfait des pièces, ensuite d'un bon graissage des articulations et des engrenages, enfermés dans un carter étanche en fonte et qui doit être constamment garni d'huile ou de graisse consistante. Il est prudent de vérifier de temps à autre le bon état de conservation des divers organes de ce mécanisme d'où dépend la sécurité des voyageurs. Que la tige de commande vienne à se casser en pleine vitesse, la barre d'accouplement à se fausser, le volant à se desserrer, et c'est l'accident, peut-être la catastrophe impossible à éviter. Par conséquent, veiller à l'entretien de la direction et à ses commandes.

Eclairage des automobiles

Il est indispensable, si l'on veut circuler la nuit, de munir le véhicule de moyens d'éclairage suffisants pour permettre au conducteur d'apercevoir les obstacles à une certaine distance, en même temps que pour annoncer aux piétons et aux attelages occupant la route, l'arrivée de l'auto. Les lanternes, qui suffisent aux charrettes de paysan ou aux voitures de ville, donnent trop peu de lumière pour pouvoir être utilisées dans cette circonstance, aussi a-t-on fait appel aux sources d'éclairage les plus intenses connues et n'ayant pas un poids prohibitif les rendant inapplicables à bord de véhicules où la place est strictement mesurée. C'est l'acétylène qui, avec l'électricité, a conquis la faveur générale des chauffeurs, et ces deux procédés ont chacun leurs avantages.

L'acétylène peut être préparé à mesure des besoins, en cours de route, à l'aide de générateurs particuliers à chute graduée d'eau sur le carbure de calcium, mais ce procédé entraîne des manipulations assez ennuyeuses, aussi le système du transport de l'acétylène comprimé dans des récipients spéciaux, dits *bouteilles Magondeaux*, a-t-il pris une grande extension, car il est absolument propre et pratique. Lorsque la provision de gaz est épuisée, il suffit d'échanger le récipient vide pour une bouteille pleine et on a de longues heures de lumière d'assurées.

Les phares cylindriques d'autos à miroir Mangin fournissent environ 3.000 bougies. Les modèles de luxe à lentille catadioptrique et à lentille à échelons de Fresnel peuvent donner jusqu'à 12.000 bougies avec un bec consommant 30 litres d'acétylène à l'heure.

Il existe aussi, pour l'éclairage électrique, des modèles de phares, dits *faces paraboliques*, qui dégagent, selon le voltage de la lampe à filament employée de 3.000 à 6.000 bougies. Ces faces ou projecteurs reçoivent leur courant d'une dynamo spéciale, appelée *dynastart*, qui régularise l'autorégulation du voltage, grâce à des dispositions particulières qu'il serait trop long de décrire dans ce petit opuscule. Cette dynamo présente le grand avantage d'être à la fois génératrice et réceptrice, et dans ce dernier cas elle est accouplée à une batterie d'accumulateurs de 6 ou 8 éléments et sert à entraîner le moteur à vide par une chaîne de transmission silencieuse pour produire son démarrage automatique. Comme génératrice, la dynastart recharge la batterie et assure l'éclairage, non seulement des phares de l'avant, mais de la lanterne réglementaire d'arrière et d'un plafonnier intérieur (dans les voitures fermées) donnant assez de lumière pour pouvoir lire pendant la route.

La dynamo *Eiseman* est particulièrement bien comprise et mérite une courte description. C'est une dynamo blindée dont l'induit tourne sur roulements à billes, par friction d'un galet s'appliquant sur la périphérie du volant moteur et qui, malgré ses dimensions réduites, a un rendement très élevé, sans aucun risque d'échauffement interne. Le voltage et l'intensité sont remarquablement constants, sans nécessiter l'intervention d'un régulateur centrifuge ou d'un disjoncteur automatique; la puissance fournie est de 120 à 140 watts sous une tension de 8 à 12 volts, selon le numéro et la grandeur de la machine. Cette dynamo peut être pourvue enfin d'un distributeur haute tension permettant de l'employer simultanément pour l'éclairage et pour l'allumage auxiliaire du moteur, simplement en lui adjoignant un petit transformateur et un interrupteur de démarrage. On dispose ainsi d'un allumage de secours en cas d'accident à la magnéto, qui doit être conservée.

ONZIÈME LEÇON

Les motocyclettes

Les premiers motocycles

On pourrait presque affirmer que l'automobilisme moderne a commencé avec le genre de véhicules dénommé *motocycles,* alliance de la bicyclette ou du tricycle avec le moteur à explosions. Avant la voiture de promenade ou de tourisme, on eut des bicyclettes et tricycles automobiles; le premier du genre, reproduit à des milliers d'exemplaires, fut celui de Dion-Bouton en 1895. Quant à la première machine à deux roues se déplaçant d'elle-même sans la force musculaire du cavalier, ce fut une création allemande, dérivant déjà d'un essai de Daimler, et due à Hildebrand et Wolfmuller. Elle fut introduite en France par le coureur cycliste anglais Duncan, associé à un certain Suberbie, mais n'obtint aucun succès en raison de sa complication et de son poids formidable. Il faut arriver à l'année 1900 pour trouver quelques premiers modèles un peu moins barbares, tels que ceux de Lamaudière et Labre, Garreau, Bouilly, Durey et Bernard, Pernoo, Ridel, Flinois, Chapelle, Bergeron, Werner, etc.., etc. Nous nous souvenons même avoir assisté en 1898 au premier *Critérium des motocyclettes* sur la route d'Etampes-Rambouillet et retour; l'épreuve faillit être gagnée par un mécanicien dont le nom devait être célèbre plus tard..., mais non dans le domaine de la mécanique ou de l'automobile: *Landru!* Ce fut la machine Pernoo qui fit le meilleur temps, puis la Werner et la Lamaudière. Ces machines ne présentaient pas encore, loin de là, la perfection des *Harley-Davidson* ou des *Indian* actuelles. On tâtonnait; la place même du moteur n'était pas déterminée; Werner l'accrochait au guidon, Pernoo au garde-boue d'arrière, Ridel derrière la selle, enfin on n'était pas fixé sur la puissance à donner aux moteurs. Les uns, comme Herdtlé et Bruneau, préconisaient un moteur de un quart de cheval, tournant à 3.000 tours-minute, d'autres voulaient des moteurs de 12 à 15 chevaux pour atteindre des vitesses fantastiques aussi bien sur les côtes les plus ardues que sur le plat. La vérité, comme toujours, était dans une moyenne raisonnable, et d'ailleurs, il semble très suffisant de dépenser une puissance de 2 à 3 chevaux pour traîner le poids d'une personne, même sur une pente accentuée.

Les motocycles actuels

On peut ranger dans la catégorie des motocycles tous les véhicules automoteurs à deux, trois ou quatre roues, ayant conservé les pédales de la bicyclette ou du tricycle ainsi que les dispositions générales de ces machines. Le cycle à moteur ne devrait donc pas être autre chose qu'un vélocipède auquel on aurait adjoint un petit moteur amovible de secours. C'est bien le cas de certains modèles actuels, tels que le *cyclomoteur* entre autres, qui rappelle la moto Werner de 1898, mais dans laquelle la roue d'avant est entraînée non par une courroie, mais par friction d'un galet appuyant sur le pneu gonflé à bloc. Cependant, la plupart des motos depuis 1920 sont munies de moteurs à 1 ou 2 cylindres en V disposé dans le pédalier, et donnant, selon leur cylindrée, qui va de 100 à 750 centimètres cubes, jusqu'à 16 chevaux, ce qui peut assurer une vitesse supérieure à 100 kilomètres à l'heure. Toutefois, ces grosses motos rapides sont surtout destinées à être accouplées à une coque supportée par une troisième roue. Cette coque métallique, destinée à recevoir un deuxième voyageur qui voyage ainsi côte à côte avec le motocycliste, porte le nom de *side-car;* ce sont les Américains qui ont mis cet agencement à la mode, et la liquidation des stocks de la guerre en a mis un grand nombre en circulation.

Motocyclettes françaises

Il existe de nombreuses marques françaises justement réputées et dont l'excellence de fabrication a été démontrée à la suite de nombreuses épreuves sportives d'endurance ou de vitesse. Citons entre autres les motos Peugeot, Griffon, *Alcyon,* René Gillet, Terrot, Blériot-Aéronautique, A. B. C., Gratieux, Rovin, F. N., etc., qui rivalisent avec les modèles étrangers *Sunbeam, Indian,* etc.

Les motos *Alcyon,* lauréates de courses sensationnelles, sont de plusieurs types à moteur 2 1/2 HP à quatre temps, 3 HP moteur à deux temps et 6 HP à deux cylindres en V. Les caractéristiques de ces deux derniers sont les suivantes :

3 HP à deux temps, moteur Ballot de 65 d'alésage et 80 m/m de course, graissage par mélange d'essence et d'huile et compte-gouttes; mise en

marche à l'aide d'un démarreur au pied, carburateur automatique, embrayage commandé depuis le guidon par un câble souple, deux vitesses par trains d'engrenages renfermés dans un carter étanche, transmission du mouvement du moteur à la roue d'arrière par chaîne, allumage par magnéto à avance fixe enfermée dans le bloc-moteur, deux freins, l'un à main sur jante avant, l'autre au pied agissant sur une poulie calée sur la jante arrière, roues de 600×65 avec pneus à talon renforcés, poids en marche : 80 kilogrammes.

Les motos Peugeot présentent également des détails intéressants, en sus d'une construction particulièrement soignée. Le poids du type de 4 HP est de 60 kilogs tout équipé avec carburateur automatique, magnéto à haute tension à bougies, graissage par pompe à huile, transmission par chaîne avec dispositif de tension par poignée tournante au guidon, ce qui permet de démarrer en côte, enfin avec fourche élastique perfectionnée et très souple, condition essentielle pour la sécurité ainsi que la diminution de la fatigue des bras du conducteur dans un long voyage.

Il existe deux modèles de motos *Griffon;* l'un de 3, l'autre de 6 HP. Le premier possède deux vitesses par moteur à deux temps monocylindrique. Le carburateur et la magnéto à avance réglable sont commandés par des manettes fixées au guidon. La boîte de vitesses est actionnée par un levier se déplaçant devant un secteur à trois crans correspondant au point mort, à la 1re et à la 2e vitesse. Il y a un frein au pied agissant sur poulie-jante et un frein sur jante avant par levier articulé sur le guidon. Le graissage est automatique par mélange d'huile à l'essence dans la proportion de un cinquième d'huile pour quatre cinquièmes d'essence. La transmission est à courroie.

Le moteur 6 HP comporte un moteur 2 cylindres avec trois vitesses et débrayage. Le dosage de l'air au carburateur et l'avance à l'allumage sont commandés depuis le guidon; le débrayage est opéré par pédale. Le graissage est semi-automatique par pompe et compte-gouttes et la transmission s'effectue par courroie comme dans le type de 3 chevaux.

Bicyclettes a moteur

Ces motocyclettes sont caractérisées par la présence d'un moteur amovible avec ses accessoires, agencés sur une bicyclette ordinaire. Il en existe de nombreux modèles; le plus ancien est le *cyclotracteur* de la Compagnie des Automobiles de place. Son poids est de 13 kilogrammes; il peut se poser en quelques instants sur une bicyclette d'homme ou de femme ou se retirer sans aucune modification de la machine. La présence de ce moteur ne gêne en rien l'usage

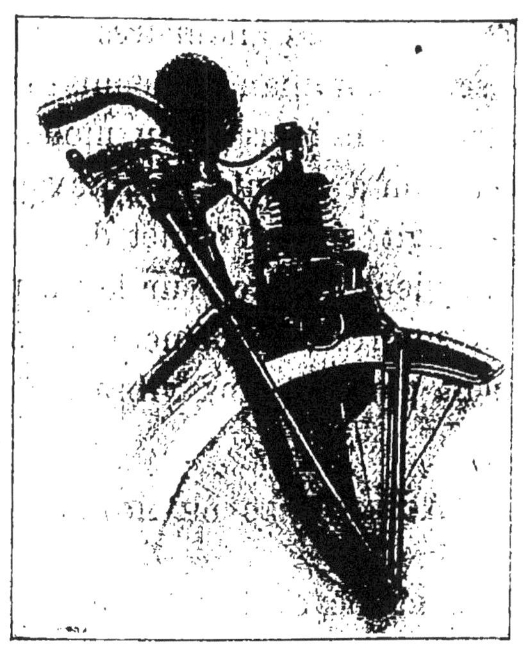

Fig. 23. — Le cyclotracteur.

normal du vélo; l'embrayage et le débrayage peuvent s'obtenir en marche, ce qui permet, soit l'usage exclusif du moteur pour la vitesse et celui de la pédale pour l'exercice, l'usage simultané ou alterné de ces deux sources de propulsion : roue libre en descente, pédale *ou* moteur en palier, pédale *et* moteur ensemble sur les côtes ou par vent contraire, ce qui donne le moyen de réaliser une sérieuse économie d'essence.

Le moteur développe environ 1 cheval, soit 90 à 100 kilogrammètres par seconde; l'allumage est assuré par magnéto à haute tension; le graissage se fait sous pression, la dépense est de 2 litres d'essence par 100 kilomètres, et la vitesse moyenne de 20 kilomètres à l'heure. Un décompresseur, commandé depuis le guidon, facilite la mise en marche du moteur et supprime son action à volonté, l'embrayage, par vis hélicoïdale, agit sur un galet de composition spéciale qui vient adhérer sur le pneu d'avant, lequel n'en souffre aucunement, et assure un entraînement parfait, sans vibration ni chocs.

Accessoires de motos

Toutes les motocyclettes et bicyclettes à moteur étant munies de moteurs à ailettes refroidis par le vent d'une course rapide, n'ont besoin par suite d'aucune des complications du refroidissement par eau des grosses voitures : radiateur, pompe de circulation, chemises d'eau, etc. Les accessoires utiles sont donc, comme pour les voitures, un phare assurant un éclairage puissant, un appareil sonore d'avertissement : trompe, sirène ou klaxon, ainsi que l'outillage de réparation, toujours utile à avoir sous la main quand on fait une longue route.

DOUZIÈME LEÇON

Les scooters

On a donné le nom de « scooters » à une catégorie particulière de véhicules qui tiennent à la fois du vélo, de l'auto et de la voiture, et sont intermédiaires entre la moto, dont nous venons de nous occuper et le cyclecar qui fera l'objet de la leçon suivante. Le scooter a l'élégance et la stabilité d'une voiture, la vitesse d'une moto légère et le peu d'encombrement d'une bicyclette ordinaire.

Le meilleur modèle actuel, qui réalise le plus exactement le programme qui vient d'être exposé est, à notre avis, le *vélauto,* étudié par l'ingénieur Monet et construit par l'usine Monet et Goyon de Dijon. Le vélauto se présente sous l'aspect d'une bicyclette de dame, à cadre cintré, à roues de faible diamètre entre lesquels se dresse un capot en forme de pyramide surmonté d'un siège très confortable. Ce capot contient un moteur à quatre temps avec ses accessoires : magnéto d'allumage et carburateur automatique; le réservoir d'essence est disposé au-dessus de la roue d'arrière qui est entraînée par une chaîne robuste et un débrayage très doux et progressif facilite le démarrage après que le moteur a été lancé au moyen d'une pédale agissant par l'intermédiaire d'un secteur denté sur l'arbre du moteur.

Le châssis de ce léger véhicule est mixte : en tôle emboutie et tubes étirés d'une forme assurant le minimum de poids pour le maximum de résistance. Il est muni d'une suspension anti-vibratrice avant et arrière, conception remarquable par son élasticité et assurant un parfait confort, même aux plus grandes vitesses. Le capot, hermétique comme celui d'une voiture, empêche toute projection d'huile et il possède une série d'oreilles récupératrices d'air assurant un refroidissement énergique du moteur, d'une puissance de 1 cheval 1/4 et de 3 chevaux dans le *supervélauto,* puissance employée tout entière, sans déperdition et sans intermédiaire, ce qui permet l'ascension des côtes les plus accentuées et même le démarrage sur ces côtes. Les caractéristiques de l'appareil sont d'ailleurs les suivantes :

Moteur à graissage automatique, à ailettes refroidies par canalisation d'air à l'aide d'ouïes latérales ménagées dans le capot, transmission par chaîne fonctionnant à faible vitesse grâce à un démultiplicateur; suspensions avant et arrière compensées par doubles ressorts travaillant à la traction; roues de 50 centimètres de diamètre avec pneus, renforcés à l'arrière, type moto, deux freins, l'un arrière à tambour commandé par pédale, l'autre avant sur jante commandé par levier, poids 30 et 75 kilogs selon le modèle.

Le *Skotamota* est un type nouveau de scooter qui a remporté quelques succès au cours des deux dernières années et se caractérise surtout par sa légèreté remarquable.

La roue motrice

On peut faire rentrer ce système dans la catégorie des scooters. Ces premières « roues Lumen » ont apparu vers 1920; elles ont reçu de rapides perfectionnements qui les ont rendues absolument pratiques. Tout véhicule peut recevoir sans transformation une roue motrice, que ce soit une bicyclette, un tandem, un triporteur ou même un vélocimane pour mutilé de guerre, et le modèle construit par les ateliers Monet et Goyen, dit *auto-roue*, présente le maximum de ce qui peut être demandé à une mécanique de ce genre. L'auto-roue se compose d'un châssis en tôle emboutie portant le moteur et adaptable au moteur à entraîner par deux pattes articulées laissant une entière souplesse à l'articulation. La roue elle-même, dite *flasquée,* est formée d'un disque de tôle plein, légèrement bombé et fabriqué par emboutissage, elle est entourée d'un cadre en tube étiré supportant garde-boue et réservoir d'essence. Le moteur, de 1 cheval 1/4 de puissance, reste toujours dans l'axe du véhicule, ce qui assure son équilibre et laisse l'effort de traction s'exercer normalement sans porte-à-faux. Le départ et l'accélération s'obtiennent par la manœuvre d'une manette de gaz et un décompresseur reliés au guidon du véhicule par un flexible; les opérations de graissage et de carburation sont automatiques. L'allumage est à haute tension, par magnéto facilement démontable; le graissage est effectué par les pignons de distribution qui puisent l'huile dans le carter inférieur et la remontent dans un boîtier spécial d'où elle est répartie aux différents points à lubrifier.

Cette combinaison ingénieuse a reçu un accueil favorable; c'est la plus grande simplification qui pouvait être réalisée pour doter un véhicule quelconque d'une force capable de lui assurer une progression à l'allure maximum de 30 kilomètres à l'heure. Lorsqu'on ne veut plus se servir du bloc propulseur, on fait sauter d'un coup de pouce les chevilles d'articulation et on libère la bicyclette ou le tri de la roue supplémentaire qui lui communiquait son mouvement.

Fonctionnement du carburateur

Le carburateur de ces légères machines est automatique. Dans les conditions normales, l'air et les vapeurs d'essence sont mélangés dans les proportions voulues pour assurer un dosage parfait. Cependant, pour tenir compte des grands changements climatériques qui peuvent se produire, un réglage spécial a été prévu sous forme d'un gicleur réglable.

Le gicleur est pourvu d'un pointeau qu'il est facile de visser et de dévisser à la main afin de diminuer ou d'augmenter la quantité d'essence admise. Ce pointeau ayant été vissé à fond doit être dévissé ensuite d'un demi-tour. Il est aisé de se rendre compte ensuite s'il y a trop peu ou trop d'essence.

Trop peu d'essence rend la mise en route difficile et ne permet pas de mettre tous les gaz à fond au moyen de la manette du guidon. Trop d'essence entraîne une consommation exagérée, un mauvais rendement à pleine charge et l'encrassement rapide des culasses et bougies, enfin elle fait bafouiller le moteur à tous les régimes. Cependant, il est bon de ne pas oublier qu'il faut davantage d'essence quand le temps est très froid, alors que, pendant les grandes chaleurs, il est nécessaire de resserrer le pointeau. Cet organe passe dans un presse-étoupe étanche, portant 6 pans à l'extérieur afin de pouvoir le resserrer quand on a fini le réglage ou lorsque la clé du pointeau tourne trop librement. La personne utilisant ces moteurs minuscules doit se familiariser avec la manœuvre de la manette des gaz pour obtenir le rendement optimum de l'appareil. En agissant par tâtonnements successifs, on finit par découvrir le point de la manette qui donne le meilleur départ et le meilleur ralenti.

Il ne faut jamais *pousser* ces petits moteurs; on n'en a pleine satisfaction qu'en conduisant le véhicule qui en est muni à l'allure indiquée par le constructeur. En conduisant trop vite en palier et en faisant constamment travailler la machine à pleine charge au maximum de sa vitesse, l'échauffement est exagéré et le moteur a des défaillances lorsqu'il vient à se présenter des côtes. Ce sont, il convient de ne pas l'oublier, des moteurs *adjoints* et qu'il ne faut pas surmener en exigeant d'eux ce qu'ils ne sauraient donner.

TREIZIÈME LEÇON

Les cyclecars

Les premiers cyclecars

La première automobile qui puisse être rangée dans cette catégorie est le tricycle-voiturette Bollée, qui parut au Salon de l'Auto et du Cycle de 1895. Le châssis, en tubes d'acier, était supporté à l'avant par les deux roues directrices montées sur pivot, à l'arrière, par la roue motrice unique. Le moteur, d'une puissance de 2 chevaux seulement, était disposé horizontalement et commandait la roue par courroie, avec un changement de vitesse à 3 vitesses, donnant 8, 12 et 25 kilomètres à l'heure. Les deux places étaient disposées en tandem, le conducteur en arrière; l'empattement (distance entre les essieux) était de 1 m. 65, la largeur, de 1 m. 20. Le triangle de base étant très large, la stabilité était parfaite.

La voiturette Bollée eut un moment de grande vogue, puis on trouva son moteur trop faible, sa vitesse trop réduite et on lui préféra la voiturette légère à quatre roues, avec différentiel, et elle disparut de l'usage après une dizaine d'années.

Un système qui eut également son heure de faveur, vers 1902, fut le *tri-car*, dont l'ingénieur Contal avait fait connaître un intéressant modèle, pourvu d'un moteur monocylindrique vertical de 80 m/m d'alésage et 86 de course, avec refroidissement par eau à l'aide d'un thermosiphon. L'entraînement de la roue motrice, après démultiplication préalable, était assuré par chaîne. L'embrayage et le changement de vitesse se trouvaient contenus dans le moyeu d'arrière, d'après une disposition due à Rivierre. Le principe étant celui du train épicycloïdal, les engrenages, toujours en prise, ne fonctionnaient qu'à la petite vitesse; en grande vitesse, aucun engrenage ne travaillait, la commande étant directe et dans le rapport du triple de l'autre.

De 1900 à 1910, de nombreux systèmes analogues se disputèrent la faveur des amateurs, et on peut rappeler parmi les types remarquables qui furent remarqués aux divers Salons de ces époques, ceux de *Griffon*, de Lurquin et Coudert, de Bonnin, des ateliers de la Grôsne, *l'Austral*, de Bozier et le modèle dû à Bruneau de Tours. Ces machines n'étaient pas sans mérite, mais le progrès a marché et celles de 1924 ne leur sont pas comparables.

Le problème du cyclecar

Les cyclecars actuels ne sont pas tous des tricycles pourvus d'une carrosserie plus ou moins simplifiée ou confortable, mais plutôt des quadricycles, véritables automobiles en réduction, capables de lutter de vitesse et d'endurance avec les grosses voitures quoique en dépensant infiniment moins d'essence. Ces modèles sont intermédiaires entre le side-car, qui manque un peu de confortable, et les véritables voitures. Elles ne sont faites que pour transporter deux personnes, aussi les impôts qu'elles doivent supporter sont-ils beaucoup moins élevés que ces dernières : 100 fr. par an seulement.

Le problème à réaliser dans cette classe moyenne de véhicules est assez délicat et il présente un gros écueil contre lequel sont venus se briser les anciens motocycles de la période de 1895 à 1915. Le rêve de tout possesseur de ce genre d'appareils est de rivaliser de vitesse, sinon de confortable avec une véritable voiture. Le moteur à ailettes de 2 chevaux étant dans l'incapacité de répondre à cet orgueilleux désir, on l'a muni d'abord d'une culasse à refroidissement d'eau, puis d'une circulation complète, d'un débrayage et d'un changement de vitesse, enfin on a tellement alourdi et compliqué le tricycle ou tricar qu'il est devenu un véhicule hybride ayant beaucoup plus de défauts que de qualités, ce qui en a dégoûté ses plus ardents défenseurs. La tentation de beaucoup de constructeurs, encore aujourd'hui, est de fabriquer sous le nom de *cyclecar* une grosse voiture en réduction, et possédant les mêmes organes si coûteux à usiner.

Il arrive alors que le véhicule ainsi conçu exigerait, pour être parfait, le même outillage et la même dépense d'usinage et de finition qu'une grosse voiture et même davantage en raison de ce fait qu'une petite montre de dame est plus coûteuse à établir qu'une grosse montre d'homme. Il faut donc, de toute nécessité, ou bien camelôter, si l'on veut vendre bon marché, ou bien vendre cette parodie de grosse voiture presque aussi cher qu'une 10 HP sérieuse. On ne peut pas en sortir. De plus, il arrivera que le moteur de 6 chevaux adopté sera reconnu un peu faible à l'essai pour un cyclecar ne devant peser que 300 kilogs en ordre de route et conduira à prendre un moteur plus fort avec une circulation d'eau complète, soit 100 kilogs de poids de plus, entraînant l'augmentation fatale du poids du moteur, et ainsi à l'infini, comme cela est arrivé pour l'ancien tricycle qui a succombé sous les surcharges dont on l'avait accablé.

Les systèmes actuels de cyclecars

Parmi les systèmes récents, il convient de nommer ceux de la Société des Moteurs Salmson, de Peugeot, de Violet-Sicam, de Sénéchal, de Morgan et de Monet-Goyon. Le cyclecar Morgan, construit par la *Morgan Motor*, de Malvern Link, a un impressionnant palmarès de victoires à son actif, surtout au cours de l'année 1922 où il a gagné entre autres la course de côte de Gometz-le-Châtel (1 kilomètre et demi à 10 0/0 de moyenne) à l'allure de 82 kilomètres à l'heure.

Le modèle Morgan est à trois roues flasquées, ayant des pneus de 700×85 à l'avant et 710×90 à l'arrière. Le moteur à deux cylindres en V de 82×103 1/2, est à circulation d'eau et peut fournir 9 chevaux. L'allumage est assuré par une magnéto à haute tension, donnant une avance réglable à volonté à l'aide d'une manette. Le carburateur est à air et gaz réglables, commandé par deux manettes placées sur le volant de direction. Le châssis est en tubes d'acier légers et rigides, l'embrayage semblable à celui d'une voiture, par cône garni de cuir et commandé par une pédale. Le changement de vitesse ne comporte que deux vitesses : une petite de 20 kilomètres à l'heure pour le démarrage, l'autre de 75. La transmission est opérée par arbre à joints de cardan et deux chaînes sur la roue arrière. Deux freins à ruban, l'un commandé par une pédale, l'autre par un levier, agissent sur la roue d'arrière. La carrosserie, dite *runabout*, est à deux places côte à côte ; elle est en bois et en tôle, très confortable ; elle possède une capote, un pare-brise et une planche ou tablier. Le poids total, en ordre de route (sans les voyageurs) n'atteint pas tout à fait 300 kilogs.

Ce véhicule est du type motocycle et son moteur a une cylindrée de 1.100 centimètres cubes. Il est parfaitement étudié dans ses moindres détails.

La *quadrilette Peugeot,* dont les premières performances en courses sur routes ont fait sensation, est une véritable auto de luxe en réduction, et dont les moindres détails de construction ont fait l'objet d'études minutieuses.

Le châssis est en tôle d'acier emboutie, le moteur à quatre cylindres, de 50 d'alésage et 85 millimètres de course, donne environ 7 chevaux. La distribution est commandée par chaîne; le graissage est assuré par barbotage et alimenté par pompe. Le refroidissement est opéré par circulation d'eau traversant un radiateur à ailettes. L'embrayage, à disques métalliques, agit sur une boîte d'engrenages comportant trois vitesses et marche arrière. La transmission s'effectue par roue hélicoïdale et vis sans fin. La carrosserie est à deux places côte à côte; ressort transversal à l'avant et demi-ressort à l'arrière, assurant une suspension très élastique; les freins à serrage intérieur sont agencés dans chacune des roues d'arrière, détachables, de 650×65. L'ensemble constitue un véhicule d'aspect à la fois élégant et robuste.

Le cyclecar-voiturette Monet-Goyon est établi d'après les données complètement différentes de celles ayant servi de base aux modèles précédents. Tous les organes compliqués, délicats et chers de la grosse voiture sont supprimés pour réaliser une voiture légère et surtout économique, ainsi que les résultats atteints en ont fourni la démonstration, notamment dans la course de côte du Mont-Verdun où une voiturette de ce système a battu de 2 minutes sur 12 minutes 40 secondes le record précédent et est arrivée devant des motos de 750 centimètres cubes de cylindrée, alors que son moteur n'a qu'une cylindrée de 500 centimètres.

Toute la partie mécanique : moteur à deux cylindres en V, de 72×91, donnant 6 chevaux, à soupapes commandées par culbuteurs enfermés, graissage automatique par aspiration et pompe supplémentaire à main, magnéto d'allumage à haute tension blindée, carburateur *Zénith*, réservoir, changement de vitesse à deux vitesses, toutes deux en prise directe, forme un seul bloc supporté par la roue d'avant qui est à la fois porteuse, motrice et directrice, et peut pivoter et se soulever par le jeu d'un levier servant à assurer la direction. L'embrayage est en quelque sorte automatique et il est possible de changer de vitesse sans débrayer et sans que le mécanisme en souffre. Dès que le moteur a un effort anormal à subir, la traction exercée sur la chaîne débraye malgré le conducteur.

Les suspensions sur huit ressorts à boudin assurent une tenue de route comparable à celle des grosses voitures les plus confortables, même à une vitesse qui atteint et dépasse même 60 kilomètres à l'heure. C'est là comme on voit un ensemble de qualités qui font de la « petite Monet » un véhicule des plus économiques et ayant sa place marquée auprès des voitures de luxe aussi coûteuses d'achat que d'entretien.

QUATORZIÈME LEÇON

Classification des automobiles
Les carrosseries

Agencement d'une auto

Dans les leçons qui précèdent, nous avons étudié les machines qui dérivent plutôt du cycle: les motos, scooters et cyclecars, véritables bicyclettes, tricycles ou quadricycles complétés par un moteur remplaçant l'effort musculaire du cavalier; nous en arrivons maintenant aux véritables voitures à moteur mécanique, dont il existe une infinie variété de formes, destinées à des applications particulières parfaitement déterminées. On conçoit en effet qu'une voiture à voyageurs peut présenter des aspects très différents, selon qu'elle doit servir à la promenade, au tourisme ou au transport en commun d'un certain nombre de voyageurs. Il en est de même pour les véhicules industriels dont la caisse doit recevoir des marchandises variées, ou simplement assurer la traction d'autres véhicules.

Cependant, quelque variées que soient les carrosseries, une auto se compose toujours d'un châssis avec toute la partie mécanique, et d'une caisse supportée par ce châssis par l'intermédiaire de ressorts de suspension. Jusqu'à présent, nous n'avons parlé que du mécanisme proprement dit, maintenant, nous examinerons les accessoires et la carrosserie complétant l'automobile.

On a longtemps tâtonné pour déterminer la meilleure forme à donner aux véhicules automobiles; le moteur a été placé tantôt à l'arrière, tantôt en dessous, puis en avant du châssis. C'est cette dernière disposition qui est universellement adoptée depuis une dizaine d'années; le châssis constituant l'ossature générale est formé de longerons en acier embouti, renforcés par des entretoises et rétreints à l'avant pour permettre le braquage des roues; il supporte à l'avant le moteur qui lui est rattaché par des brides ou pattes de fixation à boulons. Cet organe de première importance est abrité contre la pluie et la poussière par un *capot* en tôlerie occupant l'espace entre le radiateur et le tablier, capot dont la forme, particulière à chaque constructeur, permet de reconnaître une marque au premier coup d'œil. Le capot d'une Panhard est tout différent de celui d'une Renault ou d'une Delaunay-Belleville et on distingue également bien les Dion-Bouton, Rochet-Schneider, Hispano-Suiza,

FIG. 24. — Carrosserie à conduite intérieure de Dion-Bouton.

Fiat, Bugatti, Rolls-Royce, Delage, Mors, Delahaye, Peugeot, Voisin, *Unic*, Citroën, etc., sans parler des marques étrangères, telles que Fiat, Ford, Cadillac, Mercédès et autres.

CLASSIFICATION

On peut classer les voitures particulières en deux catégories principales : les voitures *découvertes* et les voitures *couvertes ou fermées*. Parmi les premières, les plus usitées sont le *tonneau*, avec entrée par l'arrière, le *double-*

phaéton, avec entrée latérale, le *break,* la *victoria,* le *cabriolet,* la *wagonnette,* le *torpedo,* qui peuvent recevoir une capote, en toile ou en cuir dépliable en cas de pluie. Les secondes sont le *landau,* le *landaulet,* le *coupé* et la *limousine,* dont l'entrée est tantôt latérale, tantôt par le fond ou par l'avant.

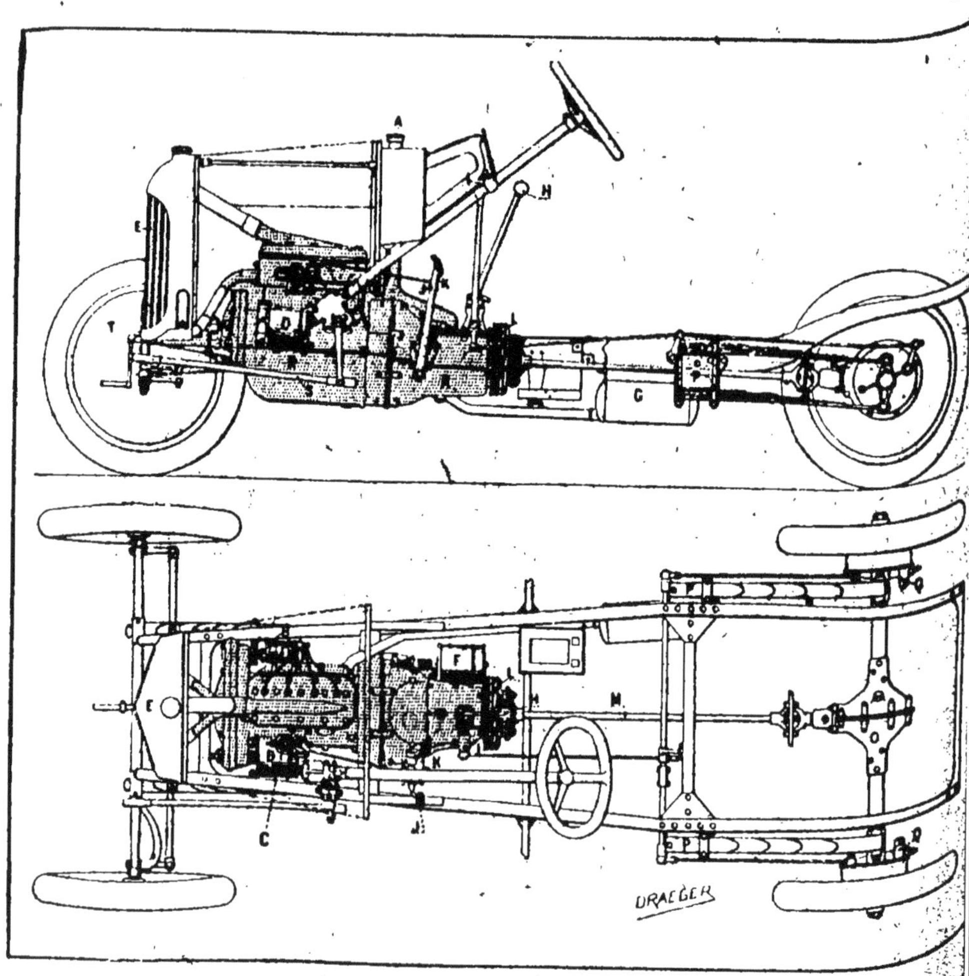

FIG. 25. — Mécanisme d'une voiture Citroën (Elévation).
FIG. 26. — Plan de la même.

Le poids de ces différents types de carrosserie est variable selon leurs dimensions et la nature des matériaux entrant dans leur construction. On ne fait plus usage de carrosseries entièrement en bois montées sur ferrures, comme dans les débuts de l'auto, mais bien d'alliages divers à base d'aluminium unissant la légèreté à la ténacité. Le poids d'une voiture à quatre places, moteur de 10 chevaux, est d'environ 650 kilogs à vide, et d'environ une tonne en ordre de route, avec tout son chargement. Une voiture analogue, à carrosserie fermée, limousine à conduite intérieure, avec moteur de 24-30 chevaux peut atteindre un poids supérieur à deux tonnes, nécessitant le montage de l'essieu arrière sur pneus jumelés, car, nous l'avons énoncé en passant, la section des pneus doit être proportionnelle au poids maximum supporté par chaque essieu et à la puissance du moteur.

La fabrication des caisses d'automobiles est un travail de carrosserie assez minutieux quand on veut obtenir un brillant parfait. La peinture n'adhérant pas directement au métal, on est obligé de recouvrir celui-ci, au préalable, d'un enduit à base de gomme-laque ayant un certain mordant par suite d'une addition d'ammoniaque. Le travail est très long quand on veut obtenir un bon résultat; il ne faut pas moins de quinze à vingt couches superposées de peinture pour arriver au *glacé* désirable, après quoi, on procède à l'émaillage et au vernissage.

Effort de traction

Le travail qu'il faut dépenser pour assurer la progression d'un véhicule automobile dépend de facteurs divers, qui sont : 1° le poids du véhicule en charge; 2° le profil de la route, palier, rampe ascendante ou descendante; 3° résistance de l'air; 4° l'état du sol qui peut présenter une adhérence très variable. On a admis les chiffres suivants à la suite de longues expériences :

Sur pavé de grès en mauvais état d'entretien..	0,22
Sur route nouvellement empierrée............	0,18
Route macadamisée en très bon état.........	0,15
Asphalte comprimé parfaitement sec..........	0,07
Pavé de bois ou asphalte mouillé.............	0,03
Routes avec ornières profondes et boueuses....	0,25

L'effort de traction est donc d'autant plus élevé que la route est en plus mauvais état. C'est sur l'asphalte sec qu'il est le plus faible; il est même si réduit que l'adhérence lorsque ce revêtement est mouillé devient insuffisante et que le caoutchouc *patine*, les roues tournant sur place sans entraîner la voiture.

Admettons cependant le coefficient de 0,07 pour la résistance au roulement. La résistance due au profil de la route est proportionnelle à la déclivité et est évaluée à 1 kilogramme par millimètre de pente par mètre pour un poids de 1 tonne. Quant à la résistance de l'air, elle est fonction de la surface présentée par la voiture et sa vitesse de progression ; le coefficient admis est 0,65 SV^2. Il est facile, connaissant ces diverses valeurs, de déterminer l'effort qu'il faudra développer en des circonstances données. Supposons, par exemple, une voiture pesant 1.000 kilogs en charge, ascensionnant une côte à 5 0/0, sur sol en bon état à l'allure de 15 kilomètres à l'heure. On aura :

1° Résistance à la traction (0,07 × 1.000)..	70	kilos
2° Résist. due à la rampe (1 kg. par mm.)	50	—
3° Résist. de l'air pour 1 mètre carré....	15	—
Total....................	135	kilos

La vitesse étant de 4 m. 10 par seconde et l'effort de traction total de 135 kilogs, on voit qu'il faudra disposer aux jantes d'une puissance P de :

$$\frac{135 \text{ kilogs} \times 4 \text{ m. } 10}{75} = 7 \text{ ch, } 3$$

Si le rendement de la transmission est de

65 0/0, chiffre moyen, le moteur devra donc fournir exactement 12 chevaux à ce moment. S'il ne lui est pas possible de développer cette quantité de travail, il faudra prévoir alors une plus grande démultiplication pour pouvoir avancer plus lentement et gravir la pente à une allure moindre que celle prévue dans le calcul.

QUINZIEME LEÇON

Véhicules industriels de poids lourd

Voitures de transport en commun

Ces voitures sont ordinairement connues sous le nom d'*autobus*. Ce sont des omnibus dans lesquels la traction animale est remplacée par la traction mécanique; le châssis est donc identique à celui d'une automobile de promenade, mais de plus grandes dimensions; la carrosserie est une caisse fermée, avec entrée latérale ou à l'arrière, les sièges sont disposés soit les uns derrière les autres, comme dans les autobus de Paris, soit longitudinalement et en laissant toujours un espace vide au milieu pour la circulation. Il y a souvent une plate-forme à l'arrière et quelquefois une *impériale* avec un ou deux bancs aménagés sur le toit du véhicule.

Les autobus peuvent recevoir depuis 12 jusqu'à 32 voyageurs suivant les dimensions données à la caisse. Le moteur, disposé à l'avant suivant la disposition générale, a une puissance de 12, 24 ou 40 chevaux, selon le poids à traîner; il est alimenté d'essence minérale, de benzol ou d'alcool carburé et peut assurer une vitesse commerciale de 25 à 30 kilomètres à l'heure en moyenne. Ce genre de véhicule s'est substitué presque partout dans les campagnes aux anciennes pataches ou diligences faisant le service de correspondance entre une station de chemin de fer et les agglomérations éloignées.

Dans leur modèle 1922 de châssis 40 chevaux pour autobus et camions, les usines Renault font cette pièce de première importance dans ce genre de machines, en tôle d'acier en forme d'U, de 4 millimètres d'épaisseur. Les deux longerons parallèles ont 160 m/m de hauteur et sont réunis par des traverses rivées. La largeur du cadre a été réduite afin de pouvoir disposer sur les côtés de spacieux coffres métalliques devant recevoir la batterie d'accumulateurs, l'outillage et les divers accessoires utiles en cours de route.

Le moteur de 110 millimètres d'alésage et 160 de course est formé de deux blocs de trois cylindres en ligne, venus de fonderie avec leur chemise d'eau. Ces blocs reposent sur un carter en aluminium en deux parties dont le plan horizontal de joint passe par l'axe du vilebrequin.

FIG. 27. — Châssis 40 chevaux Renault.

L'arbre repose sur sept paliers à coussinets de bronze garnis de régule. Les bielles sont en acier matricé de forme droite, les pistons en fonte malléable possèdent quatre segments élastiques, les soupapes en acier de haute teneur en nickel et disposées dans un même plan incliné sur le plan axial des cylindres afin de diminuer l'encombrement des chapelles. L'arbre de distribution est d'une seule pièce, les cames taillées dans la masse; la commande s'opère par chaîne silencieuse. Le graissage est à circulation au moyen d'une pompe à engrenage conduite par l'arbre à cames et noyée dans l'huile du fond du carter.

Le lubrifiant est envoyé d'abord à une crépine où il se débarrasse des impuretés qu'il peut contenir et il est dirigé ensuite sur les paliers de l'arbre, qu'il arrose abondamment, puis est recueilli à sa sortie par des bagues creuses tournant avec le vilebrequin. En raison de la force centrifuge développée par la rotation, l'huile est lancée sur les têtes de bielles et à l'intérieur des cylindres qu'elle graisse avant de retomber et recommencer indéfiniment cette circulation.

Les camionnettes automobiles

On désigne sous cette appellation des véhicules destinés au transport de marchandises de toute nature et pouvant recevoir un chargement utile de 500, 1.000 et jusqu'à 1.500 kilogrammes, supporté dans ce dernier cas par des pneus jumelés agencés sur l'essieu d'arrière. Parmi les plus heureuses combinaisons de cette catégorie,

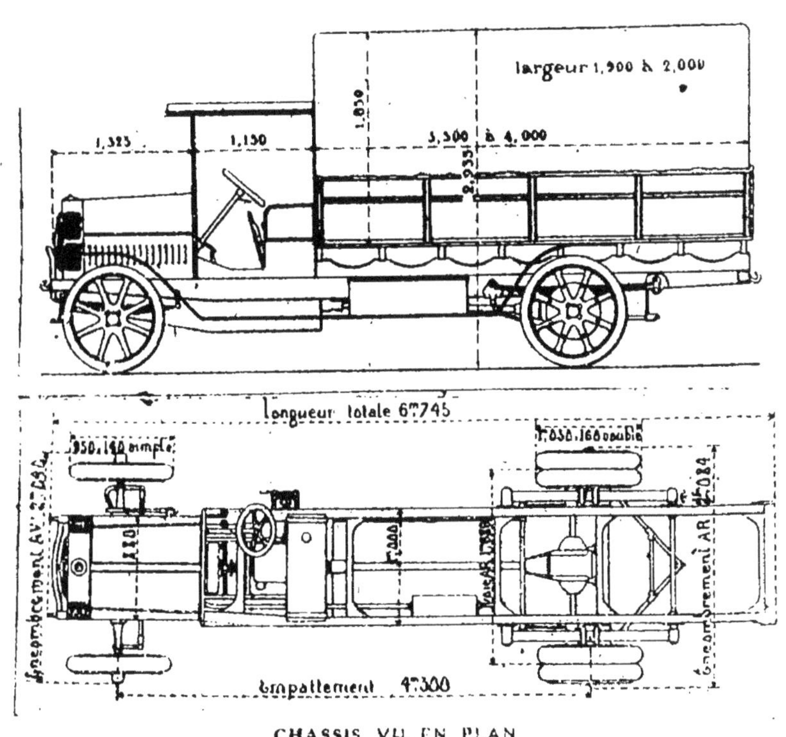

FIG. 28 et 29. — Camionnette automobile. (Élévation et plan.)

il faut citer les modèles de Fiat, de Peugeot, de Delahaye, de Vinot-Deguingand et de Citroën, dont le fonctionnement est sûr et économique.

La camionnette 1 tonne, modèle T, de Ford, présente les mêmes dispositions mécaniques que les autres voitures de la célèbre marque

FIG. 30. — Vue par-dessus d'un châssis Renault 10 chevaux.

américaine. Le moteur à quatre cylindres, à refroidissement à eau par thermo-siphon, est le même et il présente les mêmes particularités qui caractérisent le système Ford. L'embrayage est entièrement métallique, la transmission par arbre à cardans et différentiel; il y a deux vitesses et une marche arrière, commandées par des pédales. En charge, et sur une route macadamisée en bon état, la camionnette Ford peut atteindre le cinquante à l'heure en palier, la puissance développée par le moteur est d'environ 16 chevaux.

Les camionnettes Fiat sont très rapides et leur stabilité de route est complète, malgré leur faible empattement donnant lieu à un porte-à-faux assez étendu. Elles possèdent un moteur à quatre cylindres 24 HP, avec les derniers perfectionnements au point de vue de l'allumage, du refroidissement, du démarrage automatique et de la carburation.

Camions automobiles

Pendant longtemps, on a cru que le moteur à pétrole ne saurait détrôner la machine à vapeur pour les véhicules de poids lourd, depuis 2 jusqu'à 10 et 12 tonnes, mais le problème a été résolu avant 1914, si bien que tous les camions et tracteurs employés pendant la guerre étaient munis de moteurs à explosions. Les marques « Ariès », Saurer, Darracq, ont montré une robustesse et une endurance leur permettant de rivaliser victorieusement avec les modèles américains souvent plus lourds et d'un poids mort supérieur.

Le changement de vitesse des camions Renault 40-50 capables de recevoir un poids maximum de 5 tonnes, présente des particularités intéressantes. Il est relié au moteur par deux couronnes indéformables, complètement enfermées et rendues solidaires par l'arbre de débrayage. Il y a quatre vitesses, dont la plus grande est en prise directe, et une marche arrière. L'arbre primaire est cannelé et porte les baladeurs. Le train démultiplicateur, toujours en prise, est à l'arrière de la boîte; à sa droite se trouvent, sur un plan horizontal, les axes de commande des fourchettes et à sa gauche l'arbre intermédiaire.

Les engrenages du train toujours en prise, ainsi que ceux de la troisième vitesse, c'est-à-dire les deux rapports les plus employés sont des pignons hélicoïdaux, taillés ainsi dans le but de diminuer les trépidations et d'éviter le bruit. L'arbre secondaire est concentrique au premier et porte à son extrémité un T de cardan sur lequel vient s'atteler l'arbre de transmission au pont arrière. Tous les arbres sont montés sur roulements annulaires à billes. Des butées, également à billes, sont prévues pour compenser la poussée des pignons hélicoïdaux, enfin, des turbines de retour d'huile sont placées à l'entrée et à la sortie du carter. Un orifice de remplissage à fermeture automatique formant trop-plein est ménagé sur le côté de la boîte. Le levier de changement de vitesse, les pédales de débrayage, de frein et d'accélérateur sont montés sur deux supports portés par le carter, et le tout est suspendu sous deux traverses du châssis. Nul déréglage des organes ne peut survenir du fait du démontage de ce mécanisme de changement de vitesse.

L'arbre de transmission, à deux joints de cardan, est enfermé dans un tube qui porte, à l'avant, une sphère s'articulant dans un support boulonné sur une traverse du châssis, de manière à former bielle de réaction et de poussée. Il attaque à l'arrière l'arbre portant le pignon conique de commande de la couronne du différentiel. Ce pignon est également taillé en hélice pour éviter le bruit. Le différentiel comporte quatre pignons coniques satellites et des butées à billes pour résister à la poussée du couple des pignons d'attaque. Le corps d'essieu est une poutre en acier forgé d'une seule pièce de forme lui permettant de résister aux plus grands effort de flexion. Les bras sont creux et traversés par les arbres de commande des roues, montés sur coussinets à billes.

Les usines de Dion-Bouton de Puteaux construisent une série de véhicules industriels répondant aux caractéristiques suivantes :

Type H O, charge utile : 1.500 à 2.000 kilogs. Moteur de 14 chevaux à quatre cylindres de 90 millimètres d'alésage et 140 millimètres de course, donnant, en grande vitesse, 30 kilomètres à l'heure. Roues de 895×135, avec pneus simples à l'avant, jumelés à l'arrière. Empattement 3 m. 80. Poids du véhicule à vide : 2.000 kilogrammes.

Type F R, charge utile : 3.500 kilogs. Moteur à 4 cylindres 100×140, donnant 25 chevaux. Roues de 930×120, pneus simples à l'avant, jumelés à l'arrière. Empattement : 4 m. 10. Poids : 3.200 kilogs.

Type F S, charge utile : 5.000 kilogs. Moteur 4 cylindres 110×150, donnant 35 chevaux. Vitesse maximum : 20 kilomètres à l'heure. Roues avant à pneus simples 950×140, arrière doubles de 1030×160. Empattement : 4 m. 30. Poids à vide : 3.500 kilogs.

Les mêmes Établissements construisent également deux modèles de *bennes basculantes* automobiles, d'une capacité de 4 mètres cubes, l'un avec moteur de 20 HP, l'autre d'une capacité de 7 mètres avec moteur de 30 chevaux. Le poids de la première est de 4.300 kilogs, celui de la deuxième de 4.900. Les bandages des roues d'avant sont simples 930×120 pour l'une, 850×160 pour l'autre. La vitesse de la benne 7 mètres cubes est de 16 kilomètres à l'heure, celle de la benne de 4 mètres de 30. Les caisses sont entièrement en tôle et pourvues de couvercles de fermeture; elles peuvent servir au transport de matières très diverses.

Tracteurs automobiles

Nous devons encore mentionner, pour compléter cette leçon, des types de tracteurs, utilisés couramment par l'agriculture pour remplacer les attelages animés et commander les divers outils de travail de la terre et travaillant à la préparation des récoltes, ainsi que des modèles utilisés pour remorquer des chariots, des pièces d'artillerie et tout le matériel des armées modernes. Ces tracteurs sont de véritables locomobiles avec moteurs de 50 à 70 HP, différant des camions en ce que leur empattement est beaucoup plus court, leur vitesse moindre et par l'agencement des roues dont la jante en fer présente une grande largeur et possède des stries en relief donnant une plus grande adhérence. Les tracteurs peuvent recevoir des applications très variées; non seulement ils sont susceptibles de servir de remorqueurs, mais ils peuvent, étant immobilisés sur place, commander des machines fixes pour toutes sortes d'usages. Et comme l'essence est de plus en plus chère et d'un emploi presque prohibitif en ces circonstances, on commence à pourvoir ces véhicules de *gazogènes* au bois, fournissant à un prix modéré des *gaz pauvres* agissant à l'intérieur des cylindres, comme le fait l'air carburé. On n'est encore qu'à l'aurore de ces applications utiles, mais par la force même des choses, ces emplois se multiplieront et cette branche de l'automobilisme industriel se développera considérablement dans un avenir prochain.

SEIZIÈME LEÇON

Conduite des voitures automobiles

FORMALITÉS ADMINISTRATIVES ET PAPIERS DE VOITURE

Il est nécessaire, dès que l'on vient de faire l'acquisition d'une voiture automobile, quel que soit le service qu'elle devra remplir, d'en faire la déclaration à la mairie de son domicile afin de se soumettre aux obligations fiscales. On doit les mois restant à s'écouler jusqu'à la fin de l'année. Cette déclaration est obligatoire sous peine de doublement de la taxe dont l'importance varie suivant le chiffre de population de la commune où est faite la déclaration.

Tout acheteur de voiture, que celle-ci soit neuve ou d'occasion, doit se faire remettre par son vendeur, soit la copie du procès-verbal de réception du type avec indication du numéro porté par la voiture dans la série du type, soit le récépissé de la déclaration de mise en circulation (carte grise) portant l'indication du numéro d'immatriculation ou la mention « néant ». L'une ou l'autre de ces pièces est indispensable en effet car elle doit être annexée à la déclaration à envoyer à la préfecture du lieu de résidence (demande sur papier timbré) à laquelle on joint un certificat de domicile, une pièce d'identité et deux photographies non collées.

Avec la carte grise autorisant la mise en circulation d'un véhicule portant un matricule déterminé, les « papiers de voiture » réglementaires sont complétés par la carte rose ou *permis de conduire,* accordé après un examen pratique passé devant l'ingénieur des Mines. Les pièces à fournir pour l'obtention du certificat de capacité sont, outre la demande adressée sur papier timbré au préfet, un certificat de domicile délivré par le maire ou le commissaire de police, une pièce justificative donnant l'état civil et deux photos non collées.

Il est compréhensible qu'il faut, avant d'adresser cette demande et vouloir passer l'examen, avoir appris à conduire, et, en pareille matière, rien ne vaut la pratique. C'est pourquoi il s'est fondé un grand nombre d'écoles particulières, notamment à Paris, se chargeant d'enseigner à forfait le métier de chauffeur aux néophytes. De fait, après quelques leçons, à moins d'être d'une rare maladresse, on parvient à rouler à peu près en ligne droite, à virer et même faire une marche arrière plus ou moins réussie, mais cet apprentissage sommaire est insuffisant pour prémunir le débutant contre les multiples incidents de la route, aussi discute-t-on actuellement, devant la recrudescence d'accidents graves ayant lieu un peu partout, de rendre moins accessible le permis de conduire en ne l'accordant qu'à la suite d'examens beaucoup plus sévères que ceux considérés aujourd'hui comme suffisants.

Apprentissage de la conduite des autos

Il ne faudrait pas croire que le premier venu peut prendre place sur le siège du chauffeur et, manœuvrant les divers leviers et pédales à sa disposition, se lancer sur la route sans autre précaution. Agir ainsi serait courir de parti pris vers un accident inévitable, aussi doit-on procéder graduellement et sous la direction d'un professeur expérimenté. Vu l'absence en France d'un *autodrome* fermé où l'on pourrait, sans danger pour personne, procéder à l'étude et à la mise au point des châssis, et permettre aux néophytes d'apprendre à conduire, c'est sur la voie publique que se fait l'apprentissage du métier de chauffeur.

Après quelques leçons théoriques montrant aux élèves les dispositions mécaniques générales des véhicules qu'ils veulent savoir manœuvrer, on passe immédiatement à la pratique et, au cours d'une première sortie, le professeur mon-

FIG. 31. — Châssis Renault 1923.

tre comment on doit embrayer, démarrer, changer de vitesse, virer, enfin aller en arrière. Le débutant prend alors le volant et s'efforce de répéter correctement les mouvements qui viennent de lui être montrés. Le professeur le surveille, corrige ou rectifie au besoin les mouvements défectueux, puis fait recommencer jusqu'à exécution parfaite.

L'habileté s'acquiert assez vite, surtout avec des véhicules relativement lents. Ce n'est que lorsque l'élève s'est parfaitement familiarisé avec les diverses commandes et que les manœuvres sont effectuées presque sans y penser, par la création de réflexes instantanés, qu'il peut se risquer à se faufiler dans les rues encombrées des grandes villes, puis à faire de la vitesse sur les grandes routes.

La position normale du conducteur est celle dans laquelle le buste reste droit ou légèrement appuyé en arrière contre le dossier du siège. Le volant de direction est maintenu des deux mains sans trop de raideur, les deux pieds sont à proximité, l'un de la pédale de débrayage, l'autre de la pédale de frein pour agir instantanément sur ces commandes en cas de besoin.

La maxime essentielle à ne jamais oublier est qu'il faut toujours rester maître de la vitesse du véhicule qui vous porte. C'est la clause fondamentale du Code de la route, et il en résulte qu'il faut toujours être sûr de pouvoir s'arrêter dans le parcours le plus restreint, sur la portion de route que l'on aperçoit nettement devant soi. La présence de freins puissants est donc de première nécessité à bord des voitures lourdes et puissantes.

De même que le démarrage et le passage des

vitesses de l'une à l'autre, en augmentant ou en diminuant, le virage et le freinage demandent une grande habitude, après qu'on a raisonné sur les méthodes à observer pour exécuter correctement ces diverses opérations. Il ne convient pas, en effet, d'agir sans réflexion; chaque manœuvre doit être raisonnée, mais le raisonnement et l'exécution doivent être aussi rapides que la pensée. C'est cette promptitude qui fait les as du volant.

Conduite

Il est nécessaire, avant toute sortie, de procéder à l'inspection minutieuse de tout le véhicule, partie mécanique et partie carrosserie : vérification du plein d'essence, de la bonne circulation de l'huile et de l'eau, de la pression dans les réservoirs, essai des différentes commandes, visite des freins, du carburateur, de la magnéto, de la pompe à huile, etc. Tout étant reconnu en bon état, ou remis au point, on essaie le moteur, en le lançant à la manivelle s'il n'est pas muni d'une mise en route automatique et on règle la carburation.

On vérifie enfin les transmissions, le gonflement des pneus, le fonctionnement de l'éclairage, les avertisseurs, et cette visite détaillée terminée, on peut partir.

Bien entendu, le levier de changement de vitesse a été placé au cran qui correspond au débrayage ; d'ailleurs, on ne pourrait pas faire tourner la manivelle s'il en était autrement. Le conducteur, avant de prendre place sur son siège, n'oublie pas ses dernières dispositions de confort : ses gants, sa pelisse, si l'on est en hiver, sa coiffure, ses lunettes, abritant l'organe

FIG. 32. — Camionnette Citroën.

de la vue contre la poussière et la réverbération solaire, et ils dispose son porte-cartes à portée, à côté de la montre et des différents indicateurs, compte-tours, etc.

Pour démarrer correctement et sans secousse brutale, le chauffeur pèse à fond sur la pédale de débrayage et il amène le levier sur le premier cran du secteur correspondant à la première vitesse, la plus faible. En relevant doucement le pied, l'embrayage se produit et la voiture s'ébranle puis arrive bientôt à la vitesse maximum que peut donner le rapport des roues dentées. On débraye à fond, le levier est poussé sur le deuxième cran et la vitesse s'accélère. Pour passer ainsi successivement de la deuxième à la troisième et de la troisième à la quatrième vitesse, on débraye à chaque fois et on accélère le moteur avant le changement, en agissant sur la pédale d'accélérateur.

Il est nécessaire d'accélérer quelque peu, c'est-à-dire d'ouvrir davantage l'admission et faire tourner le moteur plus vite chaque fois que l'on veut changer de vitesse et aller de plus en plus vite; c'est le contraire lorsqu'on doit aller en ralentissant et redescendre la gamme depuis la quatrième jusqu'à la première vitesse. De toute façon, l'habileté du chauffeur consiste à opérer le changement juste à l'instant où il est reconnu nécessaire, de manière à ce que les reprises soient faites d'une manière presque insensible et sans secousse.

Les arrêts

Il est rare que la route parcourue soit constamment déserte et qu'on puisse y circuler de l'instant du départ à celui de l'arrivée à la vitesse maximum permise par le moteur. D'ailleurs, il y a des traversées de villes et de villages, les croisements de chemins, les virages qui obligent à ralentir, et les divers obstacles dus soit au sol : caniveaux, cassis, passages à niveau de voies ferrées, soit aux usagers de la route et tels que véhicules et machines agricoles, chariots, troupeaux, enfin les voitures circulant dans les deux sens. On comprend que l'attention doit demeurer éveillée pour manœuvrer en conséquence et éviter les accidents. *De la prudence!* telle doit être la devise de tous les conducteurs de véhicules mécaniques rapides, et de la promptitude dans la décision et l'exécution ; c'est ainsi que l'on pourra éviter souvent les accidents.

Il faut donc apprendre à arrêter rapidement lorsque c'est nécessaire. Pour cela, on débraye puis on freine à petits coups rapprochés et non à bloc et brutalement, ce qui pourrait avoir comme conséquence le retournement subit de la voiture : un *tête-à-queue*, comme on dit, souvent accompagné de l'éclatement d'un pneu. Ce danger est moins grand toutefois avec les nouveaux freins agissant simultanément sur les quatre roues. En même temps, pour empêcher l'emballement du moteur dont la charge est subitement supprimée, on réduit l'admission et l'avance jusqu'au ralenti.

L'arrêt complet est donc obtenu en débrayant et en freinant sans arrêter le moteur, qui reprend son travail si l'on doit continuer à rouler. Le mouvement de ce dernier est ensuite arrêté, lorsque c'est nécessaire, en coupant l'allumage et en fermant l'admission des gaz. En cas d'arrêt définitif, on ferme tous les robinets d'huile et d'essence, on laisse échapper l'air sous pression des réservoirs et on vide l'eau contenue dans le radiateur si l'on craint une gelée nocturne capable d'amener la rupture des chemises d'eau de réfrigération.

DIX-SEPTIÈME LEÇON

Sur la route

Le costume du chauffeur

Il convient de faire une distinction entre le professionnel et l'amateur. Le professionnel est un salarié que les tribunaux classent dans la catégorie des serviteurs, comme le cocher et le maître d'hôtel; son métier n'est pas que de tenir le volant pendant la marche, mais de nettoyer la voiture et d'entretenir son mécanisme, ce qui nécessite quelques connaissances techniques. L'amateur, c'est le patron — quelquefois sans domestiques — qui conduit lui-même sa voiture et remet à un garagiste le soin de la tenir constamment en bon état. Et c'est là une économie sérieuse, quand on songe quels sont les appointements accordés actuellement aux chauffeurs particuliers.

Mais, professionnel portant livrée ou amateur, il est bon d'observer certaines précautions en ce qui concerne, non l'habillement, mais la protection du corps contre les intempéries, surtout quand on conduit une voiture découverte rapide.

Il fait toujours froid, — ou au moins frais en été, — à bord d'une automobile avançant à bonne allure, surtout s'il y a du vent; il faut donc se préserver des refroidissements en portant des sous-vêtements chauds en laine, ainsi que de la poussière, des taches d'huile et de cambouis par un cache-poussière imperméable. En hiver, une peau de chèvre ou une fourrure sera nécessaire; car, en raison de l'immobilité conservée, le corps se refroidit vite. Mentionnons, comme création nouvelle intéressante, les *vêtements chauffants* formés de tissus *thermophiles* contenant un fil métallique résistant s'échauffant au passage d'un courant et produisant une chaleur douce combattant efficacement le refroidissement. On fait ainsi des gants, genouillères, chaussons, plastrons, casquettes pour automobilistes et aviateurs. Ces différentes pièces sont reliées, par un fil commun, à une prise de courant à broches que l'on met en rapport à volonté avec la dynastart d'éclairage; la dépense de courant est très minime et cependant le résultat est obtenu : le chauffeur n'a plus les mains gelées à tenir son volant et il ne risque pas de s'engourdir dans l'immobilité et l'inaction, quelque rigoureuse que soit la température extérieure.

Sur la route. Les dérapages et le fringalage

On donne le nom de *dérapage* au glissement latéral des roues motrices d'une auto qui se produit quand la chaussée est recouverte de boue plus ou moins collante, rendue plus grasse par des brouillards intense ou un commencement de dégel qui clive le sol en deux parties superposées glissant l'une sur l'autre. L'adhérence des pneus n'est pas plus grande alors que celle des patins d'un traîneau sur la glace, et c'est la raison déterminante des dérapages. On désigne plus spécialement sous le nom de *fringalage* le dérapage où n'intervient aucunement la force centrifuge.

Le fringalage se produit le plus souvent à la suite d'un coup de frein intempestif ou d'un ralentissement momentané du moteur dont on a diminué la puissance en coupant les gaz, surtout quand la voiture roule sur le côté d'une chaussée bombée et a ses deux roues du même côté plus hautes que les autres. Il faut donc être très prudent quand on roule sur un pavé boueux et gras et serrer le bord du trottoir en diminuant de vitesse.

La tendance au dérapage ou au fringalage, inhérente à toutes les automobiles, par suite de la présence d'un différentiel, est atténuée quand le centre de gravité est placé très bas et la charge bien répartie sur les deux essieux. Les *antidérapants*, dont sont munies les enveloppes de pneus, diminuent également cette tendance, sans l'annuler entièrement sur les sols gras et en déclivité. C'est pourquoi le meilleur moyen consiste à réduire l'allure quand l'état de la route l'exige, qu'on sent l'arrière du véhicule se dérober et les roues *chasser* sur le côté. Ne jamais freiner brusquement alors, le remède serait pire que le mal et on risquerait le *tête-à-queue* ou demi-tour complet, l'arrière de la voiture à la place de l'avant. Il est préférable de braquer légèrement les roues d'avant vers le côté où celles d'arrière sont chassées afin de les empêcher de dériver dans ce sens.

Les virages

La prudence la plus élémentaire commande de n'aborder les virages, surtout ceux dont le rayon est court, en *épingle à cheveux*, comme on dit, et *couverts*, c'est-à-dire encadrés de talus assez élevés, qu'à une allure où l'on est maître de sa voiture et capable de l'arrêter dans un parcours de quelques mètres. On ne peut pas savoir en effet si, dans la partie de la courbe encore invisible, on ne va pas se trouver nez à nez avec un obstacle imprévu : charrette de paysan, attelage, troupeau, etc. D'autre part, quand l'allure est très rapide et le véhicule lourdement chargé, la force centrifuge développée pendant le trajet en quart ou en demi-cercle tend à chasser l'arrière suivant la tangente de la courbe; le poids se trouve reporté sur les deux roues qui sont à l'extérieur de cette courbe et qui supportent alors un effort énorme, tandis que les pneus sont au contraire retenus au sol par leur adhérence. Il en résulte que le bandage est couché et aplati en A entre le bord de la jante et le sol, comme le montre la fig. 33. Si le gonflement est insuffisant, la chambre à air, cisaillée, se déchire et éclate; si les boulons de sécurité maintenant les talons du pneu n'ont pas été vissés à fond ou se sont desserrés, les bourrelets sortent de leur accrochage et l'enveloppe est arrachée, déterminant de violentes embardées. Si,

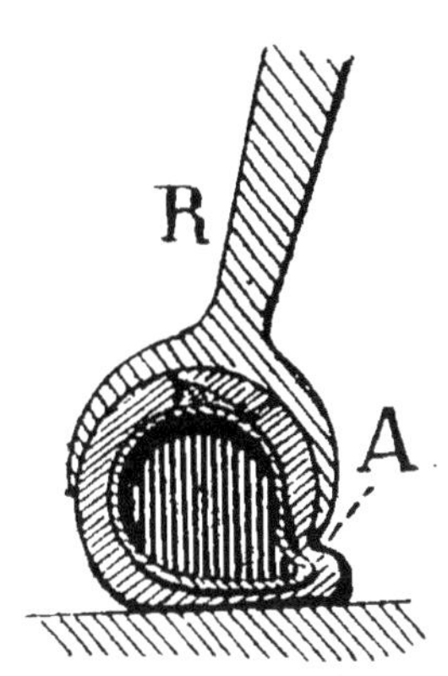

FIG. 33.

heureusement, tout est en bon état, rien d'anormal ne survient, l'accident est évité, mais il n'en est pas moins certain que les toiles du pneu ont subi une fatigue exagérée qui les expose à une rupture prématurée. Pour toutes ces raisons, il convient donc de réduire l'allure en débrayant un peu avant d'arriver à la courbe pour la parcourir avec la vitesse acquise, en opérant la reprise quelques instants avant d'en sortir.

Ascension et descente des cotes

Quand on a la route libre devant soi, on peut attaquer une côte à toute vitesse, à pleins gaz et avec toute l'avance à l'allumage. Mais si cette rampe est très accentuée ou très longue, la vitesse ne tarde pas à diminuer progressivement et le moteur ralentit de plus en plus. Quand l'allure du véhicule correspond à peu près à celle de la troisième vitesse, on diminue l'avance, on débraye et on engrène la troisième vitesse en faisant suivre d'un coup d'accélérateur pour la reprise. Si, malgré cette manœuvre, l'allure continue à diminuer et que le moteur *cogne* sourdement, donnant ainsi des signes de fatigue, on répète dans le même ordre et on descend en seconde ou au besoin en première vitesse. Arrivé en palier, on débraye, on donne un peu d'avance et on engrène la deuxième vitesse; quand on a atteint l'allure normale que donne ce rapport, on accélère, débraye et revient en troisième puis en quatrième vitesse comme auparavant.

Pour descendre une côte, il est prudent de laisser le moteur embrayé et tourner à vide, l'admission des gaz étant fermée et l'allumage coupé; on fait frein ainsi sur le moteur qui retarde le mouvement et il suffit d'appuyer de temps à autre sur la pédale du frein si malgré tout l'allure devenait excessive. Revenu en plat, on redonne les gaz et un peu d'avance et la reprise s'opère normalement sans à-coup. Ce n'est que dans les côtes peu accentuées et assez courtes que l'on peut débrayer et descendre « en roue libre », mais on est moins maître du véhicule, qui n'obéit alors qu'à la force aveugle de la pesanteur et l'on peut chauffer les sabots ou patins de freins si on les laisse trop longtemps en serrage.

Vitesse des automobiles

Une adjonction des plus utiles aux voitures automobiles de tourisme et même de promenade est le *tachymètre* ou indicateur de vitesse, donnant à tout moment l'indication de la vitesse atteinte. Il existe différents modèles d'appareils de ce genre qui, installés à côté du chronomètre, sous les yeux du chauffeur, lui apprennent à tout instant la vitesse avec laquelle il se déplace et lui évitent de consulter le tableau ci-dessous donnant la vitesse horaire d'une auto dont on connaît le temps pour 1 kilomètre de parcours.

Temps			Vitesse horaire
3	minutes	50 sec.	15 km. 650
	—	40 sec.	16 km. 360
	—	30 sec.	17 km. 410
	—	20 sec.	18 km.
	—	10 sec.	18 km. 500
3	minutes		20 km.
2	—	50 sec.	21 km. 175
	—	40 sec.	22 km. 500
	—	30 sec.	24 km.
	—	20 sec.	25 km. 750
	—	10 sec.	27 km. 700
2	minutes		30 km.
1	—	55 sec.	31 km. 300
	—	50 sec.	32 km. 700
	—	45 sec.	34 km. 200
	—	40 sec.	36 km.
	—	35 sec.	37 km. 875
	—	30 sec.	40 km.
	—	20 sec.	45 km.
	—	10 sec.	52 km.
1	minute	juste	60 km.
0	—	55 sec.	65 km.
	—	50 sec.	70 km.
	—	45 sec.	80 km.
	—	40 sec.	90 km.
	—	35 sec.	100 km.
	—	30 sec.	120 km.

DIX-HUITIÈME LEÇON

Les pannes. — Causes et remèdes

CAUSES DES PANNES

Le véhicule automobile est une machine composée d'un nombre de pièces très élevé, et susceptibles de se dérégler par suite de mauvais entretien ou d'usure; il en résulte qu'il peut brusquement cesser de fonctionner et de laisser son conducteur dans l'embarras ou *en panne,* suivant le terme consacré.

Dans les débuts de l'automobilisme, ces arrêts subits et intempestifs étaient fréquents; ils étaient dus, la plupart du temps, d'une part à la complication des organes encore imparfaits, d'autre part à l'ignorance professionnelle des conducteurs. Les uns comme les autres faisaient leur apprentissage, et la principale cause de ces pannes résidait dans le manque d'expérience général. Il n'en est plus de même aujourd'hui, il faut le reconnaître en toute équité, car tous les organes de l'automobile ont été l'objet des études les plus minutieuses d'une légion d'ingénieurs et de mécaniciens, et, en moins de vingt-cinq ans, la construction a été portée à un haut degré de perfection. C'est pourquoi la responsabilité de la panne incombe le plus souvent au chauffeur qui a commis une faute, un oubli ou une négligence. On est souvent porté à rejeter sur une vice de construction les défaillances que l'on reproche à la machine, alors que, le plus souvent, c'est le conducteur qui est fautif. C'est dire : « Tiens! ma montre s'est arrêtée », au lieu de « J'ai oublié de remonter ma montre! » Il y a une nuance.

S'il est permis, pour mettre plus de clarté dans la démonstration, de classer les pannes par catégories, on aura les pannes légères, résultant du déréglage d'un organe, déréglage facile à reconnaître et à corriger en quelques instants, les pannes de gravité moyenne, dont la cause est plus difficile à découvrir et la réparation malaisée en cours de route avec les moyens du bord, enfin les pannes graves, résultant le plus souvent d'un accident sérieux et rendant le retour du véhicule au garage impossible par ses propres moyens. Les deux premières catégories de pannes peuvent exercer la patience et la sagacité du conducteur, qui parviendra, avec de l'ingéniosité servie de quelques outils, à se tirer d'affaire tout seul grâce à une réparation de fortune, mais, dans ce dernier cas, il faudra faire appel à un secours étranger pour assurer le *dépannage,* à l'aide d'un camion ou tracteur de secours, capable de remorquer le véhicule avarié jusqu'au chemin de fer ou au plus proche garage où le travail de réparation sera effectué.

Suivant le siège de l'avarie, les pannes peuvent être rangées dans l'ordre suivant, qui est aussi celui de leur fréquence :

1° Pannes d'alimentation;

2° Pannes de transmission.

Pannes d'allumage

C'était autrefois les plus fréquentes, alors qu'on employait uniquement comme source de courant des piles sèches ou des accumulateurs; aujourd'hui, elles sont devenues infiniment plus rares depuis que l'on ne fait plus usage que des magnétos à haute tension, que les fabricants recommandent de ne jamais démonter et simplement de graisser de temps à autre, après un certain temps de fonctionnement et de parcours. Quand on constate des ratés d'allumage suivis de reprises brutales, on peut attribuer le fait à un faux contact, à une vis desserrée, à un fil à demi rompu ou mal attaché. S'il ne se produit aucun allumage, c'est qu'un fil est rompu ou détaché, plutôt dans le circuit extérieur que dans la magnéto; il convient donc, dans ce cas, de visiter attentivement ce circuit, les prises de contact, les connexions et attaches. Si tout est reconnu en parfait état, vérifier l'intégrité des bougies d'allumage, dont les pointes peuvent être trop écartées ou encrassées, et pour cela les poser avec leur fil d'amenée de courant sur la culasse. En tournant la manivelle de lancement, on voit si l'étincelle jaillit bien entre les pointes. Si la bougie est avariée et ne *donne* pas, soit parce que la porcelaine est fissurée, soit parce qu'il y a un court-circuit, on la change; si elle est seulement encrassée, on la détache et on la plonge dans de l'essence qu'on enflamme après avoir porté l'objet à quelque distance de la voiture, dans un endroit où il n'y a pas à redouter de causer un incendie.

Pannes dues au moteur

Si on constate qu'il est impossible de faire tourner le moteur à la vitesse normale indiquée par le constructeur, on peut attribuer ce fait à l'usure des pièces : ovalisation du cylindre, mauvais portage des soupapes, ressorts de soupapes insuffisants ou détendus par la chaleur, ou encore à une insuffisance ou à un excès d'avance à l'allumage, à de la résistance à l'échappement, à une obstruction incomplète du papillon de l'étrangleur. Si la marche au ralenti est défectueuse, cela peut provenir de rentrées d'air intempestives par les soupapes ou les tuyauteries, d'un excès d'avance à l'allumage, d'un écart trop grand des pointes des bougies ou encore du mauvais état du distributeur. Si l'on éprouve des difficultés à la mise en marche, on peut croire à des rentrées d'air, à la malpropreté des bougies ou du distributeur ou encore à la mauvaise position occupée par la manette d'avance. L'énumération de ces causes d'arrêt et de leur diagnostic indique les remèdes qu'il convient d'appliquer pour les corriger et les faire cesser.

Pannes de carburateur

Le carburateur est un organe qui est susceptible de donner lieu à quelques ennuis, la plupart du temps dus à la mauvaise qualité de l'essence qu'il est chargé de gazéifier. Quand on n'obtient pas un rendement satisfaisant du moteur, on peut croire que le carburateur est trop grand pour sa puissance ou qu'il est insuffisamment réchauffé par la prise d'air, ou encore que le gicleur est obstrué ou trop faible; il en est encore de même quand le diffuseur a été remanié par des mains inexpertes. Dans ces cas, le remède est simple, on change le gicleur ou, en cas d'encrassement, on accélère vivement le moteur tournant à vide, et on ferme brusquement l'entrée d'air. La forte succion ainsi réalisée peut amener le décrassage des tamis et du diffuseur.

La mise en marche peut être rendue difficile par la faute du carburateur où l'essence n'arrive pas, dont le ralenti est bouché ou trop petit, la clé trop fermée; on s'en assure en appuyant sur le bouton noyeur ou en fermant le pointeau. Ces défauts se corrigent après qu'on les a reconnus par l'inspection de la tuyauterie, du robinet et du réservoir d'essence en soufflant dans le réservoir après avoir dévissé le raccord, de façon à amorcer l'écoulement. On assure ensuite l'étanchéité, sinon on force le gicleur du ralenti.

Les *retours* au carburateur proviennent de rentrées d'air par les soupapes ou tuyauteries du moteur, ou encore de la présence d'eau dans le niveau constant ou de la pauvreté du mélange. Vérifier en ce cas les tuyauteries, ressorts, filtre du gicleur et roder les soupapes, resserrer l'écrou de l'admission, mettre un joint neuf et nettoyer le filtre.

Une dépense exagérée d'essence peut être attribuée soit au défaut d'étanchéité du réservoir ou des tuyaux, à un réchauffage insuffisant, ou un réglage fait à froid et ayant entraîné l'adoption d'un gicleur trop fort. Elle peut encore résulter d'un manque d'avance à l'allumage, de l'usure du moteur ou d'une mauvaise méthode de conduite.

Accidents au moteur

Ces accidents peuvent être ramenés presque toujours au bris de quelques pièces intérieures du moteur, telles que les segments, la tige de piston, l'arbre manivelle, etc.; ils ont toujours pour cause, dans les moteurs bien construits, soit un refroidissement insuffisant, soit un graissage également insuffisant.

Si, par exemple, on sort avec une voiture dont le moteur n'aura pas été graissé depuis la dernière excursion, il s'ensuivra, qu'au bout d'un certain nombre de kilomètres, il aura de la peine à fonctionner. Il « tirera » suivant l'expression consacrée. A ce moment, il est encore temps d'éviter un accident en lubrifiant toutes les parties susceptibles de s'échauffer, telles que le piston qui frotte naturellement contre les parois intérieures du cylindre, les paliers dans lesquels les axes tournent, la tête de bielle, etc.

Si l'on ne prend pas cette précaution, le moteur « grippera » peu après, c'est-à-dire que le piston, au lieu de glisser dans le cylindre, ou l'axe de tourner dans les paliers, mordent subitement dans l'acier, faute d'huile, arrêtent net le moteur en brisant généralement la tête de bielle.

C'est un accident qui, en dehors de l'ennui qu'il procure en obligeant à aller chercher un cheval pour remorquer la voiture jusqu'à la gare la plus proche, vous coûtera en moyenne, pour un moteur à deux cylindres, la somme de six cents francs, ce qui n'est jamais agréable, surtout lorsqu'un tel accident a eu pour cause une négligence. Le manque d'eau, ou une circulation insuffisante par suite d'engorgement de la pompe ou d'avarie au radiateur ou au ventilateur, produit exactement le même effet que l'absence d'huile.

Par conséquent si au cours d'une excursion, vous constatez que votre moteur éprouve de la peine à tourner à sa vitesse maxima en terrain plat, descendez de voiture et examinez d'abord les paliers de l'axe moteur qui forment généralement corps avec le carter. En les tâtant avec la main, vous vous rendrez compte de leur température approximative et verrez s'ils réclament un graissage sérieux. Un coup d'œil sur les graisseurs vous éclairera à ce sujet. Et si, après cet examen, votre moteur *tire* encore, vous pourrez être convaincu que la cause vient du refroidissement qui est insuffisant pour une raison ou pour une autre.

Pannes de transmission

Il peut arriver qu'une des vitesses de la boîte de changement de vitesse ne fonctionne plus. Si, en plaçant le levier d'embrayage à un des crans du secteur, on constate que l'action du moteur est nulle, alors que sur le cran d'une autre vitesse elle agit normalement, cela provient, soit de l'usure des dents d'un pignon qui n'engrène plus avec celles du pignon correspondant ou de ce que la roue qui n'obéit plus est déclavetée et tourne sur son arbre. Dans le premier cas, on se passe provisoirement de la vitesse qui ne fonctionne plus jusqu'à ce qu'on ait pu remplacer l'engrenage usé, ou bien, en cas de déclavetage on remplace la clavette usée ou perdue et tout rentre dans l'ordre.

Si, au cours d'une sortie, on s'apercevait que les engrenages de la boîte de vitesse font entendre un bruit exagéré, on pourrait attribuer le fait à un manque ou une insuffisance de graisse consistante dans cette boîte, et il faudrait se hâter de la regarnir pour éviter une usure exagérée.

Il peut arriver que la voiture ne peut démarrer, l'embrayage n'agissant plus. C'est là une chose fort désagréable quand elle survient en pleine campagne au cours d'un voyage. Il faudra démonter cet organe et l'on reconnaîtra la plupart du temps que le cuir du cône est humide ou gras. Le remède sera donc de bien sécher et essuyer ce cuir et le saupoudrer d'un peu de résine pour avoir plus d'adhérence, bien que ce procédé ne soit pas très à recommander, mais on pourra ensuite continuer à rouler jusqu'à ce qu'on ait pu procéder à une réparation plus sérieuse.

Il reste encore bien d'autres genres de détériorations pouvant entraîner l'arrêt complet du véhicule ou déterminer un fonctionnement défectueux, sans parler de la panne complète due à la rupture d'une pièce essentielle, le plus souvent par suite d'un choc violent et tel que bris d'une roue, faussage d'un essieu, rupture du différentiel, nécessitant le transport par camion ou chemin de fer jusqu'à l'atelier et entraînant des dépenses de remise en état très élevées. Nous ne ferons que les mentionner en passant, remettant à la leçon suivante la revue des réparations plus ordinaires et plus fréquentes.

DIX-NEUVIÈME LEÇON

Les réparations

Réparations du moteur

Les opérations les plus fréquentes à exécuter sont : le *rodage* des soupapes, que les chocs ont matées à la longue sur leurs sièges, et nécessitées par une compression devenüe à la longue insuffisante, le remplacement des segments du piston, le resserrage des bielles et des coussinets, le rétablissement de l'étanchéité de la tuyauterie d'essence, d'huile et d'eau, enfin le remplacement des joints desserrés ou carbonisés. Voici quelques indications pratiques concernant ces menues réparations.

En ce qui concerne le remplacement des segments usés et détendus, il convient d'abord de retirer ceux en service, et pour cela enlever les pistons des cylindres, ce qui s'obtient ordinairement en séparant ces derniers du carter sur lequel ils sont boulonnés. Les segments sont alors légèrement ouverts à l'aide de lames minces qu'on glisse entre eux et la paroi du piston, et extraits de leur logement.

Pour replacer un segment neuf, une grande délicatesse de main est de rigueur. On ouvre l'anneau avec précaution afin de le faire glisser le long du piston jusqu'à ce qu'il s'emboîte dans la cannelure circulaire lui servant de logement. Les fentes des segments doivent être *tiercées*, c'est-à-dire ne pas se trouver dans le prolongement les unes des autres, ce qui nuirait à la compression en permettant aux gaz de s'échapper par les fentes; elles doivent être à des intervalles d'un tiers de la circonférence du piston.

Pour remettre ensuite en place dans le cylindre le piston ainsi garni de segments neufs, il est nécessaire de comprimer ceux-ci dans leurs cannelures, ce que leur élasticité permet. Dans le cas où il s'agirait de moteurs de fort alésage dont les segments seraient très durs à comprimer à la main, on entoure successivement chaque anneau avec une cordelette dont on tire les deux bouts pendant qu'un aide fait pénétrer le piston dans le cylindre. Dès que le segment a un peu mordu dans le cylindre on retire la ficelle et on passe au suivant. Les cylindres des moteurs actuels, étant chanfreinés à leur partie inférieure, la rentrée des segments se trouve facilitée.

RODAGE DES SOUPAPES

Pour roder une soupape, il faut d'abord la démonter, en enlevant les clavettes ou écrous qui la maintiennent et dont le dispositif varie selon les moteurs. On retire ainsi le *clapet* du siège de la soupape, en mettant à part les organes de fixage, clavettes, goupilles et écrous et le ressort de rappel. Ceci fait, on s'aperçoit que la soupape a besoin d'un rodage, à ce que sa surface de contact est piquetée de points noirs oxydés, qu'elle ne porte pas bien d'aplomb sur son siège. Que ce soit une soupape d'admission ou d'échappement, l'opération est la même.

On fait alors, avec une ou deux gouttes d'huile et une pincée de poudre d'émeri n° 1, une pâte épaisse dont on enduit la portée du clapet sur le siège. On remet le clapet en place, et, au moyen d'un tournevis, placé dans la fente qui existe sur tout clapet, on tourne le clapet, tantôt à droite, tantôt à gauche, en le soulevant de temps en temps, pour permettre à la pâte d'émeri de se répartir sur les surfaces à roder. Au bout de quelques minutes de ce travail, on voit les surfaces de portée, devenir mates et uniformes; le clapet arrive à porter bien d'aplomb et l'occlusion est parfaite. On s'en assure en versant un peu d'essence sur le clapet fermé; elle ne doit pas, si le travail est bien fait, passer de l'autre côté.

Le rodage étant parfait, il faut, avant de remonter la soupape, enlever absolument toute trace d'émeri. A cet effet, on essuie toutes les pièces imbibées de pâte, on les lave avec un chiffon trempé dans l'essence, jusqu'à ce qu'on ait l'absolue conviction que pas un grain d'émeri n'est resté. En effet, la présence d'émeri dans le moteur pourrait le détériorer gravement; mieux vaut donc passer un moment de plus à ce nettoyage.

Une panne très grave consiste dans le *grippage* d'un piston à l'intérieur du cylindre, grippage qui résulte d'une insuffisance de graissage et surtout de refroidissement des parois. Le seul moyen qui soit à la portée du chauffeur réside dans le remplissage du cylindre d'huile et de pétrole par l'ouverture de l'aspiration.

Si l'on arrive ainsi à faire osciller le piston, il y a quelque chance d'obtenir, avec beaucoup de patience, le mouvement complet de cet organe. L'introduction de potée d'émeri très fine accélérerait le travail et la remise en état. L'huile chargée d'émeri est ensuite évacuée, le moteur est lavé à l'essence, soigneusement essuyé et remonté.

Mais si, malgré tous les efforts on ne peut atteindre cet heureux résultat, force sera bien de confier la machine à des spécialistes car les pièces devront être mises sur le tour et réalésées après enlèvement au marteau des débris du piston. On comprend qu'un semblable travail est très long et onéreux.

TUYAUTERIES DÉTÉRIORÉES

Les trépidations de la marche peuvent entraîner des pannes par rupture d'un tube d'amenée d'eau ou d'essence. On peut faire une réparation provisoire à l'aide de quelques tours de ruban chattertoné que l'on serre autour des deux tronçons rapprochés en regard l'un de l'autre et qu'on ligature avec une torsade de ficelle.

Mais cette jonction ne saurait durer bien longtemps s'il s'agit d'un tuyau d'essence, car ce liquide dissout le caoutchouc du ruban, aussi faudra-t-il au plus tôt la remplacer par une soudure ou un tube neuf.

Un tuyau d'échappement peut également être réparé provisoirement avec un emplâtre de toile métallique et d'amiante imprégné de mastic de minium ficelé avec du fil de fer. Ces produits doivent faire partie de l'outillage de réparations sur la route.

La crevaison d'un tuyau est facile à réparer en entourant celui-ci à l'endroit défectueux d'un bout de tube de caoutchouc fortement ligaturé. On est averti en cours de route que le tuyau d'échappement a éclaté ou s'est fendu par le bruit que fait entendre le moteur. Mais pour les tuyaux de circulation d'eau, il n'y a qu'un manomètre, placé sur le circuit de la pompe, qui puisse l'indiquer dès que l'avarie se produit. Quant aux tuyauteries d'essence, il faut les examiner souvent; un réservoir apparent, muni d'un niveau visible, est avantageux, mais il n'est pas possible dans toutes les voitures.

Joints

Souvent, les joints des raccords de tuyauterie perdent plus ou moins, malgré qu'ils soient suffisamment serrés. Il ne faut pas les serrer outre mesure : d'abord, cela ne les empêche pas de perdre le liquide, si les garnitures sont mauvaises; ensuite, on risque de détériorer ainsi les filetages.

Certains raccords sont jointés sur des cônes métalliques rodés l'un sur l'autre : ce sont, en général, ceux destinés à l'essence; on peut les garnir avec très peu de mine de plomb imbibée d'un peu d'eau. Les autres garnitures des raccords d'essence se feront avec un peu de filasse et de mine de plomb, ou avec de l'amiante. L'essence racornit le cuir en dissolvant ses parties grasses et dissout le caoutchouc; ces deux substances ne sont donc pas à employer.

Les joints d'eau se feront avec du carton dur ou du caoutchouc entoilé spécial pour l'eau chaude. Le cuir ne vaut rien, car il se gonfle et se détériore dans l'eau chaude.

Les joints d'échappement ne peuvent être faits qu'en amiante : toile, carton ou fil, selon le cas.

On trouve, dans le commerce, des joints en cuivre rouge, garnis d'amiante, qui sont excellents pour tous usages et résistent à tous les liquides et à la chaleur. On ne peut que les recommander, mais il faut se les procurer du diamètre correspondant aux tuyauteries, aux bougies, soupapes, culasses, etc. On peut faire un très bon joint de bougie, de soupape ou de culasse avec du fil d'amiante fin, légèrement humecté d'eau.

Pour employer ce fil sur une pièce qui doit être vissée, il faut l'enrouler de manière que le serrage de la pièce entraîne le bout libre du fil dans le sens de son enroulement et non à rebours, ce qui tendrait à dérouler le fil d'amiante.

Par exemple, pour une bougie dont le pas de vis est à droite, le fil destiné à faire le joint doit être enroulé à droite sur la bougie, c'est-à-dire dans le sens du filetage. Même observation pour les sièges de soupapes vissés sur la culasse.

Dans les raccords d'eau, d'essence et d'aspiration, on peut aussi faire d'excellents joints avec une feuille de plomb découpée à la demande et de 1 à 2 millimètres d'épaisseur. Si l'on n'a sous la main qu'un morceau de tuyau de plomb, on l'aplatit au marteau et on le réduit à l'épaisseur voulue; on peut ensuite le tailler avec un canif. Les fuites aux réservoirs d'eau ou d'essence sont momentanément aveuglées par des emplâtres de toile, papier, etc., garnis de mastic, terre glaise, dissolution de caoutchouc et bien attachés avec des ligatures de ficelle. Pour les réservoirs à essence, une grande prudence est de rigueur, car il ne faut pas oublier combien ce liquide est volatil, ce qui peut donner lieu à des explosions et à des incendies inattendus, si l'on ne prend pas toutes les précautions voulues dans sa manipulation.

Soupapes brisées

C'est souvent à l'endroit du raccordement de la queue avec le disque du clapet que s'opère la rupture. Comme il n'est pas possible au chauffeur d'exécuter une réparation de ce genre, le mieux est d'avoir dans le coffre de la voiture des clapets de soupapes d'aspiration et d'échappement de rechange, que l'on rodera au moment de la mise en place.

Dans le cas où le clapet d'aspiration viendrait à se briser à l'endroit de la goupille ou de l'écrou maintenant le ressort, on pourra remplacer cet écrou ou cette goupille par une petite rondelle et en aplatissant ensuite la tige par-dessus cette rondelle à coups de marteau. Si l'écrou de la tige de soupape est simplement *foiré,* on opérera de même en le remettant en place et en rivant à petits coups de marteau la tige de la soupape au-dessus de l'écrou. Cette opération de rivetage exige de la délicatesse de main si l'on ne veut pas s'exposer à casser la tige assez fragile. Bien entendu, le clapet doit être remis en place sur son siège avec son ressort avant d'être rivé, car, après le rivetage, on ne pourrait plus le remonter.

Si un ressort vient à manquer de raideur à la suite d'un surchauffage, on peut lui en redonner pour quelque temps en l'allongeant par des tractions exercées sur ses deux extrémités, mais ce n'est qu'une solution provisoire, et il sera bon de changer ce ressort à la plus prochaine occasion.

Réparations du changement de vitesse

Le changement de vitesse, à train baladeur ou pignons toujours en prise, est rarement cause de pannes, et celles-ci ne peuvent résulter que d'un grippage dû à un manque de graissage prolongé, au déclavetage des pignons ou à l'usure des dents de ceux-ci. Les réparations ne sont nécessaires que de loin en loin, quand le véhicule a parcouru un grand nombre de kilomètres, car les constructeurs fournissent aujourd'hui des boîtes de vitesses en métaux de haute résistance et assurées d'une très longue durée. Il faut donc seulement rattraper le jeu pris par les arbres dans les coussinets, resserrer les clavettes de serrage et changer les pignons dont les dents sont cassées ou usées.

Pour remettre en place un pignon, on l'enfile sur l'arbre et on le chasse au moyen d'un coin en bois dur sur lequel on frappe à coups de marteau en ayant soin de déplacer, à chaque coup le coin autour du moyeu. Un *truc*, qui n'est toutefois pas très recommandable pour empêcher les pignons de glisser sur leurs clavelages, ou les écrous de se desserrer, consiste à les imbiber dans la portée avec de l'acide chlorhydrique (esprit de sel). Cet acide fait rouiller rapidement les parties en contact et les colle ensemble d'une façon radicale. Il y a, en effet, des cas où le pignon glisse sur son clavetage, malgré que l'épaisseur de la clavette ne permette pas l'addition du clinquant, on pourra lors employer un peu d'esprit de sel.

L'arrachement ou cassure des dents de pignons est dû à la maladresse du conducteur : soit que celui-ci ne débraye pas assez à fond quand il change sa vitesse, pour passer d'une plus faible à une autre plus grande; soit, surtout, qu'il change trop rapidement de vitesse, pour passer d'une plus grande à une plus petite. Dans ce cas, il faut attendre, pour manœuvrer le levier de changement de vitesse, et après avoir débrayé à fond, que le véhicule ait sensiblement ralenti et perdu de sa force vive. Si l'on est pressé, freiner légèrement avant d'embrayer une autre vitesse.

Il est nécessaire de visiter de temps à autre la boîte de changement de vitesse et, si l'on s'aperçoit que des dents sont brisées, enlever avec soin les fragments métalliques qui pourraient être entraînés dans les trains d'engrenages et causer d'autres avaries.

Au cas où plusieurs dents voisines se trouveraient cassées sur la même roue d'engrenage, le train comprenant cette roue deviendra inutilisable; il faudra donc, pour éviter des conséquences encore plus graves, débarrasser le carter des débris de fonte s'y promenant. On utilisera un autre rapport de vitesse pour rentrer à la remise, et on remettra un pignon neuf à la place de celui que l'on a démoli.

Réparations des courroies

Une courroie cassée peut rapidement se réparer à l'aide d'agrafes *Scellos*, dont on doit posséder quelques échantillons dans la boîte à outils. A défaut d'agrafes, on peut faire un raccordement avec du fil de fer ou avec de la ficelle que l'on fait passer dans une série de trous percés dans le cuir avec une pointe quelconque. On lace les deux tronçons placés en regard comme on ferait de lacets de souliers et on fait autant d'attaches qu'il y a de trous dans la courroie.

Si cette courroie vient à glisser sur les poulies, il est nécessaire de la retendre, et le fait se reproduit assez fréquemment; c'est même l'une des causes qui a fait abandonner ce procédé de transmission pour les voitures. L'eau est un agent désorganisant le cuir; il est nécessaire, pour rendre cette substance moins hygrométrique, de l'huiler de temps à autre. Le cuir absorbe l'huile et s'allonge moins aisément. Il faut rejeter, pour les courroies, les enduits adhésifs, résine en poudre, etc., dont l'usage est excellent pour les embrayages qui ont un rôle tout différent, ou alors ne les employer qu'à la dernière extrémité, pour terminer une étape par exemple.

Si vous êtes obligé de raccourcir votre courroie, coupez-en le moins possible, et d'un bout seulement, soit environ deux centimètres. La coupure doit être tracée d'abord à l'équerre, car une courroie raccordée de travers tire mal et se déplace fâcheusement sur les poulies. Ensuite, on percera les trous pour les agrafes, exactement en face de ceux de l'autre bout de la courroie. L'amateur fera bien de se faire donner une petite leçon de raccordement des courroies par un ouvrier mécanicien ; quoique cette opération soit simple, il faut encore savoir s'y prendre pour la mener à bien.

ARBRES FAUSSÉS

A la suite d'un choc violent un arbre de la transmission peut se trouver faussé. Il est bon d'avoir dans le coffre de la voiture une forte clef anglaise en forme de griffe, tout en acier, et de 30 à 35 centimètres de longueur. Cette clef servira pour les gros écrous du moteur et des roues, et en même temps dans le cas qui nous occupe. En voici l'emploi : pincer l'arbre à l'endroit faussé dans les mâchoires de la clef et agir sur celle-ci doucement pour redresser la pièce faussée.

Si l'arbre faussé a une grande longueur en *porte-à-faux*, il sera utile de le maintenir, avec une autre clef ou avec un levier, dans le voisinage de la partie faussée, de façon que l'effort de la *griffe* ne se fasse sentir que dans la partie de l'arbre faussé pour le redresser. Quelquefois il sera préférable de démonter l'arbre faussé pour le redresser. Mais ne vous servez pas du marteau pour redresser un arbre faussé, vous risqueriez de le casser ou de le détériorer davantage. Dès que cela sera possible, cet arbre devra être dressé sur le tour, par un mécanicien compétent, car, avec les procédés ci-dessus, on ne peut pas arriver à la perfection nécessaire.

VINGTIÈME LEÇON

Entretien et usage des automobiles

Prix de la traction mécanique

Le prodigieux développement pris en un quart de siècle par les nouveaux moyens de locomotion démontre d'une façon irréfutable l'utilité et les services rendus par ces véhicules aujourd'hui si perfectionnés et auxquels on ne peut plus reprocher que leur prix élevé d'achat et d'entretien qui ne les rendent pas accessibles à toutes les bourses. Il faut être juste cependant et reconnaître qu'il y a des véhicules à tous prix, depuis la modeste bicyclette à moteur jusqu'à la puissante limousine Rolls-Royce de 120 chevaux 8 cylindres. Le luxe se paye à un tarif fort élevé à notre époque de vie chère et de monnaie avariée, mais il faut espérer cependant que tout finira par se tasser et que l'auto deviendra à la portée de tout le monde, comme l'autobus et le métro.

A titre documentaire, voici les dépenses qu'entraîne annuellement une modeste auto de 10-12 chevaux consommant 7 litres d'essence aux 100 kilomètres pour un parcours de dix mille kilomètres, soit environ 30 kilomètres par jour :

Impôts dus à la Ville et à l'Etat.........	460 Fr.
Assurances contre les accidents..........	370 —
Garage de la voiture, nettoyage, entretien.	750 —
Essence (700 litres à 1,70), huile, access.	1.500 —
Pneus, chambres à air et envelopp. (1 tr.).	970 —
Pièces de rechange, réparations..........	250 —
Amortissement du prix d'achat en 10 ans.	950 —
Total..................	5 250 Fr.

Le kilomètre parcouru revient ainsi à 52 centimes 1/2, ce qui est évidemment un prix très supérieur à celui des autres moyens de locomotion rapide. Cependant, nous avons supposé que le propriétaire de l'auto était son propre chauffeur et que l'entretien était assuré par un garagiste. On peut estimer que les chiffres indiqués sont au moins *quintuplés* avec une auto de grand luxe 24 × 30 montée sur pneus jumelés et conduite par un chauffeur bon mécanicien et payé par suite en conséquence. Le kilomètre de trajet revient alors à 2 fr. 50 ou 3 francs, tandis que, pour un side-car à moteur de 4 à 5 chevaux consommant seulement 3 litres d'essence aux 100 kilomètres, la dépense kilométrique ne dépasse pas 20 centimes, soit 10 centimes par personne, à peine plus cher qu'en troisième classe.

LE GARAGE

Lorsqu'il n'est pas possible de disposer d'un local particulier pour loger l'automobile, ce qui est souvent le cas dans les grandes villes, on est bien obligé de la confier, dans les moments où on ne l'utilise pas, aux soins de garagistes disposant de vastes hangars clos où la machine est conservée en toute sécurité et peut recevoir tous les soins d'entretien et de nettoyage qu'elle nécessite après chaque sortie. Au besoin elle peut subir les menues réparations qu'elle réclame de temps à autre : remplacement de pneus, révision des organes moteurs ou de transmission. A cet effet, un atelier est ordinairement annexé au garage et il contient une petite forge, des tours, une perceuse, enfin l'outillage mécanique indispensable aux ouvriers ajusteurs chargés de la besogne de ces menues réparations. C'est parfait, mais plus coûteux qu'une remise particulière. Il est vrai que, pour présenter la commodité voulue, celle-ci doit posséder une *fosse de réparations* pour la visite du mécanisme, et ce n'est que lorsqu'on est propriétaire de la maison qu'on peut avoir ce luxe, alors que tous les garages et même les hôtels disposent de cette utile adjonction.

Une fosse bien comprise doit mesurer 3 mètres de longueur avec l'escalier d'accès en plus; la largeur sera de 0 m. 90; il est rare que la voie des voitures soit inférieure à ce chiffre. La profondeur sera de 1 m. 10 prise, non du fonds même de l'excavation mais du plancher en caillebotis sur lequel on se tient debout. La fosse devra être pourvue d'un orifice d'évacuation muni d'une grille pour l'échappement des eaux résiduaires de lavage. Cet orifice correspond, bien entendu, à une canalisation aboutissant à l'égout. Une niche ménagée dans la maçonnerie d'un côté recevra une lampe à réflecteur permettant l'éclairage du dessous de la voiture amenée au-dessus de la fosse. Une lampe électrique sous grillage, attachée à l'extrémité d'un long cordon souple donnera une lumière pouvant être menée auprès des organes à inspecter de manière à permettre d'en distinguer les moindres détails et faciliter le travail.

Si la voiture doit rester sans servir pendant très longtemps, le mieux sera d'enlever les pneus des jantes, si l'on n'a pas de chevalets pour soutenir les essieux. On évitera ainsi la fatigue du caoutchouc qui, autrement finirait par se couper sous le poids transmis par les jantes. De plus, l'humidité du sol amènerait à la longue la moisissure des toiles qui perdraient toute solidité et causeraient l'éclatement dès la première sortie.

Entretien des voitures automobiles

Les carrosseries d'autos ne doivent pas craindre l'eau, aussi au retour d'une promenade ou d'un voyage par temps de pluie lavera-t-on la caisse et les roues boueuses avec le *jet* d'une pompe ou d'un tuyau avec lance, vissé sur un robinet ou une prise d'eau. La boue bien enlevée, on éponge soigneusement puis on termine par un essuyage à la peau de chamois humide. Au cas où il n'y aurait que de la poussière, on épousseterait d'abord avec un plumeau pour enlever le plus gros, et on achèverait avec un chiffon sec et la peau de chamois. Le nettoyage est ensuite effectué avec soin. Les tôleries noires, garde-boue, ailes, sont brillantées ainsi que les coussins à l'aide de pâtes à base d'encaustique que l'on étend en couche légère et fait reluire ensuite à la brosse ou à la peau. La capote est bien brossée ainsi que les paillassons et tapis puis on passe aux glaces, pare-brise, lanternes, que l'on essuie et passe si c'est nécessaire au blanc d'Espagne, enfin on termine par les cuivres que l'on astique à l'aide d'une pâte à polir quelconque et d'un chiffon sec. Ne pas oublier les roues avec leurs bandages, les ressorts, enfin tout le châssis.

Mais ce travail de nettoyage général et de remise en état doit être précédé d'une visite du mécanisme. Le capot, enlevé et posé à terre permet d'accéder au moteur et au carburateur qui sont nettoyés de la même façon que la carrosserie. C'est alors que le chauffeur procède aux petits démontages et menues réparations qu'il juge urgents : nettoyage des bougies, de la magnéto, de la pompe à huile et de ses accessoires, au rodage des soupapes, resserrage des écrous, des tringles de commande. Il visite également la circulation d'eau, la transmission entière, du volant et du cône d'embrayage au pont arrière, et cette vérification lui permet d'apporter les petites corrections ou améliorations paraissant nécessaires et de noter les grandes réparations qui seront à effectuer ultérieurement.

Cela fait on procède au graissage de tous les points de frottement et pivots d'axes mobiles dont le jeu est rectifié au besoin. La vieille huile garnissant le carter du moteur est vidangée et remplacée par une dose d'huile fraîche et on garnit de graisse consistante les graisseurs à pression vides. Les lames de ressort sont également graissées pour faciliter leur flexion et assurer leur conservation; enfin, si la voiture comporte une dynamo et une batterie d'accumulateurs pour l'éclairage et le démarrage, on vérifie l'état des frotteurs de charbon et la densité de l'électrolyte que l'on abaisse en ajoutant un peu d'eau distillée si le niveau a sensiblement baissé dans les bacs. Le graissage terminé, on fait le plein d'essence si l'on doit bientôt repartir, et d'eau si le réservoir sonne le creux.

Si, au contraire, la voiture doit rester quelque temps au repos, on évacue l'eau du radiateur en ouvrant le robinet de vidange et on purge la canalisation, enfin on *pétrole* les cylindres en injectant avec une burette quelques gouttes de pétrole ordinaire (non d'essence) par les robinets de compression dont le boisseau est tenu ouvert. Cette précaution facilitera considérablement le départ.

Le moteur, le carburateur, les tuyauteries, les leviers, pédales, seront extérieurement nettoyés avec le même soin que la carrosserie, puis tout ayant été remis à sa place réglementaire, une bonne précaution consiste à recouvrir le véhicule d'une housse ou d'une bâche sous laquelle il sera à l'abri pendant tout le temps de son immobilisation.

En observant ces diverses prescriptions d'entretien, on assurera une bien plus grande durée à la mécanique coûteuse de l'automobile, et on en tirera tous les avantages que ce genre de véhicule donne entre les mains d'un conducteur soigneux, attentif et prudent.

FIN

Association Linotypiste (Imp.), 23, rue Turgot, Paris.

IMP. RAMLOT ET Cie, 52, AVENUE DU MAINE, PARIS.

www.ingramcontent.com/pod-product-compliance
Ingram Content Group UK Ltd.
Pitfield, Milton Keynes, MK11 3LW, UK
UKHW020554180726
13838UKWH00001B/237

9 782329 089928